中国省际贸易流量估算与市场分割

李自若　黄桂田　著

上海人民出版社

目　录

第一章　绪论　*1*

　　一、研究背景　*2*

　　二、研究意义　*7*

　　三、国内外研究现状　*12*

　　四、研究思路　*38*

　　五、主要结论　*42*

第二章　中国国内贸易数据库的构建　*47*

　　一、省际贸易流量的估算方法　*49*

　　二、省际贸易流量的估算过程　*71*

　　三、省际贸易流量估算结果对比分析　*81*

　　四、省际贸易数据不确定性分析　*85*

　　五、本章小结　*90*

第三章　中国国内贸易演变趋势分析　*93*

　　一、省际贸易与国际贸易　*98*

二、省内贸易与省际贸易　104

三、省际贸易空间分布　110

四、初级产品与制造业产品贸易空间分布　123

五、本章小结　129

第四章　中国国内贸易省级行政分割　131

一、行政边界效应　135

二、省际贸易成本　139

三、省际贸易行政分割影响因素分析　143

四、降低省际贸易成本的反事实分析　150

五、本章小结　156

第五章　中国国内贸易地理空间分割　159

一、实证模型、数据说明与识别方法　164

二、中国国内贸易空间边界的识别与检验　175

三、稳健性检验　192

四、省际贸易空间分割影响因素分析　196

五、本章小结　204

结语　207

参考文献　212

第一章　绪论

　　改革开放以来,贸易的发展无疑成为推动中国经济发展的重要力量。改革,促进国内贸易规模和质量的全面提升,国内区域经济一体化的发展已经取得了长足的进步;开放,推动国际贸易竞争力的不断提高,国际贸易的发展又改变了我国经济版图、改变了国内贸易格局以及地区专业化分工地位。随着中国社会主义市场经济体制改革的不断深入,国内市场经济一体化程度不断提升,市场机制在各个领域的配置作用不断增强。然而,我们需清醒地看到,尽管取得了显著的成绩,但我国经济发展仍面临着诸多挑战和问题。例如,经济增长新动能不足、结构性失衡问题日益突出、外部发展环境日益复杂。在未来,如何解决这些问题,中国实现从贸易大国向贸易强国的转型,实现中国经济持续高质量发展,成为政府和学界关心的重大问题。在构建以国内大循环为主体、国内国际双循环相互促进的新发展格局过程中,我国当前存在的市场分割和区域经济发展不平衡问题将持续影响产品和要素的自由流动,"块状经济"阻碍了中国发挥超大规模经济体的优势。因此,深入研究中国国内贸易市场分割问题,讨论如何构建统一畅通的国内大市场,发挥规模经济在降低生产成本、提升竞争力方面的作用,实现协同推进国内大市场与贸易强国建设的目标,对于新时期促进中国经济高质量发展具有重要的现实意义。

一、研究背景

近年来,国际贸易摩擦、全球供应链重组以及国内经济周期波动等因素,都对中国经济发展提出了新的挑战。中国提出要构建以"国内大循环为主体、国内国际双循环相互促进的新发展格局",充分挖掘中国超大规模经济体的潜力,建设统一、畅通的国内大市场,实现由贸易大国向贸易强国的转型,对于应对当前的内外部挑战,实现经济的持续高质量发展,具有重要的战略意义。通过深化市场化改革和优化资源配置,中国将能够更好地利用其经济规模优势,推动经济实现新一轮的增长和发展。进一步挖掘中国超大规模经济体的发展潜力不仅是解决当前经济结构性问题和增强国内市场活力的关键,更是提升中国在全球经济格局中的竞争力和地位的核心战略。唯有充分发挥超大规模经济体的优势,才能在全球经济动荡中立于不败之地,实现长期稳定的经济繁荣。

第一,财政分权制度的设计长期以来一直是造成市场分割的重要制度根源之一。我国的财政体制,尤其在中华人民共和国成立后确立的"统收统支"计划经济体制,以及 20 世纪 80 年代的"利改税""分灶吃饭"和"财政大包干"等一系列放权让利改革,中央政府将事权、财权和财力逐步下放到地方政府,尽管在某种程度上刺激了地方经济的发展,然而却也不可避免地引发了地方保护主义和市场分割现象的出现。具体而言,从中央到地方的事权和财权的下放,虽然极大地提高了地方政府发展经济的积极性,促进了地方经济的快速增长,但也由于财权过小、事权过大,导致财权与事权不匹配,进而引发了地方保护主义、经济封锁以及市场分割的状况。地方政府为了获取更多的财政收入,通过分割市场来保护本地企业,阻碍了全国统一市场的形成。地方政府的这种行为,虽然在短期内有利于地方财政收入的增加,但从长期来看,却严重制约了全国范围内资源的优化配置,导致经济效率的降低。随着我国经济增长速度的放缓,作为支撑区域经济发展的"块状经济"开始显现出区域性和结构性的矛盾,制约了一体化竞争性市场的形成,进而导致我国超大规模经济优势未能得到充分发挥。财政分权不仅导致地方政府有强烈的市场分割冲动,以保护高边际生产率、高利税率以及高国有化程度的产业来维护地方财政收入,还通过户籍制度限制了劳动力的自由流动,使得内陆地区的劳动力无法充分外流,导致地区间劳动生产率差距拉大,同时增加了公共服务和社会保障的刚性支出。尤其是在经济欠发达地区,经济发展的滞后导致地方税收收入不足,地方政府不得不高度依赖借债和中央转移支付,这又进一步强化了地方保护动机。分税制的不完善设计在一定程度上继承了财政包干体制下企业税负不均、地方保护等问题,成为长期以来造成市场分割的重要制度根源。因此,破除形成市场分割和地方保护的制度根源,建设统一、畅通的全国大市场,一直是学术界关注的重要课题。这不仅关系到我国区域经济协调发展和超大规模经济优势的充分发挥,也涉及实现中国经济高质量发展等重大问题。

第二,中国经济发展现阶段面临多重复杂的内外部环境,同时也需要应对如何进一步对内改革和对外开放的双重挑战。从中国的发展历程来看,对内改革和对外开放的策略使得中国经济迅速而深度地融入全球化体系。尤其是在加入 WTO 以来,中国通过充分发挥传统比较优势,形成了"中美共赢"模式,不仅推动了中国经济的飞速发展,也带动了全球经济十多年的快速增长。然而,随着全球生产和贸易格局发生重大转变,中国经济正面临前所未有的困难。首先,经济增长新动能不足的问题显著制约了中国经济的可持续发展。传统的增长模式主要依赖出口和投资驱动,但随着全球需求的变化和国际市场的波动,这种模式的边际效应逐渐递减。因此,如何培育和壮大新兴产业,推动技术创新和产业升级,成为促进经济增长的重要突破口。新动能的缺乏不仅影响了经济发展的速度,也影响了质量和效益的提升。其次,经济结构性失衡问题日益突出。区域经济发展不均衡,城乡发展差距显著,不同产业之间的协调发展面临挑战。这些结构性问题不仅影响了经济运行的效率,也制约了整体经济的稳定性和可持续性。例如,东部沿海地区经济发展较快,而中西部地区发展相对滞后,这种区域发展不平衡导致资源配置效率的降低。同时,城乡发展差距大,农村经济发展滞后,城镇化进程不均衡,也影响了整体经济的健康发展。再次,外部环境的不确定性和复杂性增加。全球经济治理体系的不稳定性、主要贸易伙伴的政策变化,以及地缘政治风险的加剧,都对中国对外经济活动构成严峻挑战。自 2018 年以来,中美贸易摩擦持续升级,华为、中兴等事件表明,以往以出口导向型为主的经济发展模式在贸易保护主义抬头的国际政治经济环境下难以持续。在这种背景下,中国不仅需要深化对外开放,还需提高自身经济的抗风险能力和自主发展能力,以应对外部环境的不确定性。在当前复杂的国际国内经济发展形势下,维持如此庞大的经济体量已属不易,实现持续快速增长更是难上加难。因此,如何解决当前中国经济面临的内外部问题,并寻找新的经济增长点,最终实现中国经济的持续高质量发展,成为政府决策和学术界广泛关注的重大问题。

第三,中国区域经济发展不平衡的问题依旧突出。改革开放以来,沿海地区凭借地理优势和国家倾向性政策优惠,率先抓住了全球经济一体化的发展机遇,实现了经济的快速增长,并在国际化和市场化等多个方面领先中西部地区,集聚我国大部分经济活动,逐渐成为区域经济的"中心"。自2000年以来,中央政府实施了一系列区域经济发展战略,旨在平衡东部地区与中西部地区之间的发展差距。例如,西部大开发战略、振兴东北老工业基地战略、中部崛起计划等,并通过财政转移支付、税收优惠、政府投资、金融和信贷支持等方式,试图刺激欠发达地区的经济发展。然而,尽管在中央政府的努力之下,地区之间的人均收入差距表面上有所缩小,但内陆地区在经济发展上依然相对滞后,依旧是中国经济发展的"外围"。这种"中心—外围"格局不仅限制了中西部地区的经济潜力,还可能加剧区域经济发展的不平衡。实际上,这些区域发展战略普遍是通过行政力量将资源引导到地理劣势地区,导致以劳动力为核心的生产资源的空间配置效率下降。中西部欠发达地区的发展背离了其比较优势,导致投资回报下降;而东部沿海地区则因劳动力流入受阻,导致生产成本上升。总体上,经济发展质量下降,不仅未能实现真正意义上的区域经济协调发展,也未形成东中西部优势互补、良性互动的发展格局。由于无法有效分享优势地区的发展成果,在地方政府竞争和官员晋升的激励下,欠发达地区热衷于上大项目以刺激经济发展或增加财政收入。然而,在特定的发展阶段,同时具备要素边际生产率高、利税率高以及国有化程度高等特点的产业十分有限,进而产生了严重的重复建设,并进一步加剧了市场分割。地区之间产业同构严重,产品和要素不能在地区间自由流动,"条块分割"的发展模式严重阻碍了中国发挥超大规模经济的优势。因此,建设统一、畅通的全国大市场,合理有效地配置资源,优化产业布局,发挥中国超大规模经济优势,有助于从根本上解决区域经济发展不平衡的问题。

第四,中国超大规模经济体的巨大潜力有待进一步挖掘。随着要素市场壁垒不断下降,传统的要素流动性收益递减效应逐渐显现,这要求我们重新审视并优化资源配置策略。在此背景之下,中国需要进一步深化市场一体化改革,构建统一、畅通的全国大市场,充分发挥中国超大经济规模的优势,以激发规模经济效应和产业链的完整性,进而在降低生产成本和提高市场竞争力方面发挥关键作用。近年来,中国在推动经济结构调整和产业升级方面取得了显著成效,但同时也面临着国内外环境的复杂变化,这些变化对要素市场壁垒的进一步下降和国内大市场的形成构成了严峻考验。首先,全球经济环境的不确定性加剧,贸易保护主义抬头,给中国出口导向型经济带来了压力。全球经济的波动性增加,特别是主要经济体的政策变动、地缘政治紧张以及全球公共卫生事件(如 COVID-19 疫情)等因素,对中国的出口市场造成了不稳定因素,这些不稳定性因素导致外部需求的波动,影响了中国的出口表现和经济增长。与此同时,一些国家为了保护本国产业,采取了提高关税、限制进口等贸易保护措施,这些措施直接影响了中国的出口企业,增加了企业的运营成本,压缩了利润空间,对中国的外贸依存度较高的产业造成了冲击。其次,国内经济增长放缓,人口老龄化和劳动力成本上升,对经济增长的传统动力形成了制约。随着中国经济进入新常态,传统的投资和出口驱动型增长模式面临转型压力,经济增长速度的放缓,反映了中国经济结构调整和动力转换的必要性。中国的人口红利逐渐降低,劳动力成本上升,这对劳动密集型产业构成了压力,企业需要通过提高劳动生产率和技术创新来应对劳动力成本的上升,同时也需要调整产业结构,发展高附加值产业。最后,环境污染、资源约束等问题,也对中国经济的可持续发展构成了挑战。随着经济的快速发展,环境污染和资源短缺问题日益突出,这不仅对人民的生活质量构成了威胁,也对经济的可持续发展提出了挑战,中国需要在经济发展与环境保护之间找到平衡,推动绿色、循环、低碳的发展模式。在此背景下,建设统一、畅通的国内大市场,发挥规模经济和完备产业链的优势,对于降低成本、提升竞争力具有重要意义。统一大市场不仅可以消除地区间的贸易壁垒,促进资源的自由流动,有助于推动资源的优化配置和节约利用,促进绿色低碳技术的创新和应用,减少环境污染,提升资源使用效率;还可以通过规模效应和集聚效应,提升企业的生产效率和技术创新,缓解劳动力成本上升的压力。此外,完备的产业链可以实现上下游企业的紧密协作,降低生产成本,提高产品质量和技术水平,从而增强中国经济在全球市场中的竞争力。

概言之,面临更为复杂的国际国内环境,在中国经济转向高质量发展的关键时期,构建统一、畅通的国内大市场,充分利用中国超大规模经济体的优势显得尤为重要。本书将详细研究开放背景下国内贸易的发展变化趋势,国内统一大市场建设问题,区域经济协调发展问题,协同推进国内大市场建设与贸易强国建设的政策支撑体系问题。

二、研究意义

面对复杂多变的国际形势和国内环境,挖掘和利用好超大规模经济体的潜力对于保持中国经济的持续健康发展具有重要意义。深入研究中国国内贸易的演变过程、区域经济一体化发展程度以及国内贸易市场分割问题,不仅有助于理解经济发展的内在规律,也为制定有效的政策提供了重要依据。现有文献对贸易的研究主要集中在国际贸易领域,对国内贸易的研究相对欠缺。然而,国内贸易的发展对于促进区域经济一体化、优化资源配置、提高市场竞争力等方面都具有重要意义。国内贸易是连接全国各区域经济的纽带,是实现资源优化配置和区域经济协调发展的重要途径。因此,研究国内贸易的演变过程和市场分割现象,对于推动经济高质量发展和构建全国统一大市场至关重要。在"十四五"规划和2035年远景目标纲要的指引下,中国应立足国内大循环,协同推进强大的国内市场和贸易强国建设。本书通过深入分析国内贸易,以更好地了解其发展规律、存在问题及改进方向,将为构建全国统一大市场、实现区域经济协调发展和建设贸易强国提供重要的理论支持和实践指导。

(一)理论价值

第一,本书对近三十年中国省际贸易分省、分行业的演变作了较为详细的分析,深化对于不同发展阶段我国地区之间经济贸易往来的认识,这可以为后续开展相关研究提供初步的参考。本书利用1992—2017年的省际货物运输数据、省际产品服务贸易数据及省际部门贸易数据,对中国省际贸易进行了全面分析。首先,本书数据时间跨度较长,覆盖了1992年至2017年这一关键时期。这一时间段基本反映了我国自市场经济体制改革以来省际贸易的变化过程,涵盖了中国经济从改革开放初期到进入新常态的各个发展阶段。长时间跨度的数据使得研究能够全面追踪省际贸易的长期趋势和动态变化,揭示不同发展时期的贸易特征和规律。其次,研究覆盖面广,涵盖了货物贸易、产品服务贸易及各部门贸易。通过对省际货物运输数据、省际产品服务贸易数据及省际部门贸易数据的综合分析,研究不仅描述了整体贸易流动情况,还深入探讨了各类产品和服务在省际间的流动情况。这种全方位的分析使得研究结果更加全面和具体,为理解中国省际贸易的全貌提供了丰富的数据支撑。此外,本研究的产品部门分类细致,能够清晰描述省际产业联系及其动态变化。通过细致的部门分类,研究能够准确刻画不同行业在省际间的贸易流动情况,揭示各行业间的关联性及其演变趋势。这种细致的分析有助于识别不同行业在省际贸易中的关键角色和相对地位,为行业政策和区域经济发展提供有针对性的建议。通过详细的省际贸易分析,本书揭示了不同发展阶段省际贸易联系的特点,为政策制定者提供了初步的依据。

　　第二,从不同维度对近三十年中国省级行政分割的倒 U 形演变趋势进行了较为详细的分析,并乐观地预测了降低省际贸易壁垒对于促进国内大循环的良好前景,为进一步释放中国超大规模经济潜力提供初步的依据。一直以来,中国国内的地方保护和市场分割引起了学术界的广泛研究。Young(2000)认为中国的渐进式而不是激进式改革,有政治和社会稳定方面的优点,但同时掩盖了很多矛盾,使得地方保护主义盛行且不断加剧,而地方保护使得市场分割严重和产业结构趋同,带来较为严重的经济后果。Poncet(2003)以投入—产出表为基础,认为中国省际贸易成本接近于欧盟国家之间或美国与加拿大之间的贸易成本,同时发现中国国内市场分割正在加剧。而 Naughton(1999)和 Fan and Wei(2006)虽然发现中国的确存在着市场分割和地方保护主义的现象,但地方保护程度在弱化,国内市场在不断整合。在国际贸易中,一般会以两国之间贸易规模为基础讨论贸易壁垒,而在对一国内部市场壁垒的研究中,却很难有类似的非常严谨的讨论,这主要是因为省际贸易规模数据是非常稀缺的。本书不仅从不同维度讨论了传统的省级行政分割问题,还通过反事实估计分析了降低省际贸易壁垒后我国省际贸易的潜力。这不仅为发展省际贸易领域相关研究提供了基础性指标和数据,还可以为后续开展相关研究以及制定合适的政策降低地区和行业壁垒提供参考。

第三,从经济地理角度出发,深入刻画省际贸易地理空间分割,从文献上拓宽了市场分割的研究内涵,深化文献对于市场分割的理解,为进一步制定经济政策协调区域经济发展提供参考。迄今为止,没有证据表明存在一个"无边界"的世界(Leamer,2007),没有一个贸易主体内部结构是完全均质的,产业结构、自然禀赋或者消费习惯等因素的差异会导致其内部贸易出现不均衡的现象。改革开放以来,沿海区域凭借地理优势和政策优惠把握住了经济全球化的机遇,在工业化、城镇化等多个方面领先中西部地区,集聚了全国大部分经济活动,逐渐成为中国区域经济的"中心",而内陆省份逐渐演化为经济"外围"(黄玖立,2011)。经济活动的区域化集聚会带来空间异质性网络效应,形成行政边界之外的空间边界,导致经济活动产生空间维度的分割。然而,现有文献对省际贸易壁垒的研究主要集中在行政壁垒,对地理空间维度的壁垒关注较少。尽管赵永亮和徐勇(2007)的研究结果显示我国可能存在一条区域分界线,将我国划分为东、西两个区域,严重阻碍了区域间经济交流,但该文献未能对区域分界线进行清晰的刻画。省际贸易地理空间壁垒之所以重要,是因为探究地理空间壁垒形成的原因、厘清地区之间内在的经济联系,有助于增进对市场力量和资源配置的理解,探讨区域发展不平衡的原因,为优化资源配置、协调区域经济发展、建设全国统一大市场提供理论支持。

（二）应用价值

第一,本书借鉴区域间投入产出表的编制方法,较为规范地估算了1992—2017年中国28个省份26个部门省际贸易数据,以较为完善的数据为基础,厘清省际贸易、省际贸易壁垒的现实发展情况,这对于后续研究建设国内大市场、构建以国内大循环为主体的新发展格局,提供了较为重要的基础性成果。准确、合适的数据是保障研究顺利开展的前提,也可以为学术界的后续研究提供基础。本书首次规范地构建了1992—2017年中国28个省份的省内贸易、省际贸易和国际贸易数据库,涵盖了各省份的省际货物运输量数据、省际贸易总额数据、分行业省际贸易数据及各省各部门进出口贸易数据。该数据库不仅样本期较长,且产业部门分类细致,能够从价值量和重量两个角度全面分析中国省际贸易的演变趋势,弥补了研究中国省际贸易缺乏数据的不足,打破了研究省际贸易的数据壁垒。在此基础上计算了省级、产业层面的省际贸易壁垒、国际贸易壁垒指标,并进一步与财政数据、人口数据、工业企业数据库、海关数据库以及税收数据库进行匹配与合并。通过将宏观数据与微观数据相结合,厘清省际贸易壁垒、地方财政以及劳动力市场的现实发展状况,这不仅为发展省际贸易领域相关研究提供基础性指标和数据,同时对加深现实情况的了解和抽象的理论与实证研究体系有重要意义。

第二,以扎实的理论和经验研究为基础,服务国内统一市场建设政策的制定。基于数据库的构建、典型事实分析、计量分析、量化分析以及反事实分析,可以更好地了解中国国内贸易的演变过程、区域经济一体化发展程度及国内贸易市场分割问题,最终将落脚到政策建议的提出。在充分考虑我国国情、实际发展状况的基础之上,提出准确、可行的政策建议,使市场机制在更大范围内发挥作用,提高资源配置效率,推动建设统一、畅通的全国大市场,形成更加强大的国内贸易市场,为中国经济发展提供新的增长源泉。

三、国内外研究现状

(一) 省际贸易数据获取的方法

为了对国内贸易进行深入的研究,本书首先要获取我国省际贸易数据。然而,中国各省份缺乏类似海关的机构对各省份贸易数据进行统计,使得中国省际贸易的研究举步维艰。为了对国内贸易进行研究,学者们克服困难,尝试从不同角度、采用不同方法获得我国区域间贸易数据。本章将目前获取区域间贸易流量数据的方法重新归纳为:直接估计法、货物运输量估算法、单一区域投入产出表、区域间投入产出表、引力模型估算法、区位商法、数学规划分析法以及增值税法。

1. 直接估计法

直接估计法,又称调查法,是估算区域间及产业部门贸易交流数据精度最高的方法。该方法的实现依赖于大量的数据调查,不仅需要详细了解各地区各类企业的投入结构,还需准确掌握产品的去向,最终获得各地区各部门产品的区域间贸易流量数据。具体而言,直接估计法要求对各地区的生产和消费情况进行全面调查,收集企业在生产过程中使用的各种投入品数据,以及产品销售和流通的详细信息。这些数据包括但不限于原材料、半成品和成品的供应链信息,企业的生产和销售记录,以及产品在不同地区之间的运输和销售情况。例如,Pierre et al.(2002)采用直接估计法对加拿大各地区商品和服务的流动情况进行了详细调查,成功估算出加拿大的区域间投入产出表。通过广泛的调查和数据收集,该研究详细描述了加拿大各地区之间的商品和服务流动情况,提供了精确的区域间贸易数据。这种方法的优势在于其高精度和详细性,能够提供非常可靠的贸易流量估算结果。

然而,直接估计法的实施面临着巨大的挑战。首先,对数据量的要求非常高,需要收集和处理各个地区、各个产业部门的大量数据。其次,进行如此大规模的数据调查,需要投入大量的人力、物力和财力成本。收集、整理和分析数据的过程既耗时又耗资,通常需要专业的调查团队和数据处理系统。因此,直接估计法实施成本高昂,实际操作中往往难以推广。

2. 货物运输量估算法

省际铁路货物运输交流数据是目前唯一可以从官方统计年鉴中获得的省际双边贸易数据来源。这些数据通过《中国交通年鉴》《中国铁道年鉴》和《中国统计年鉴》连续公布,涵盖了自1986年至今铁路行政区域间的货物和煤炭交流信息。一些学者利用这些数据近似代替双边贸易流量数据,以研究中国省际贸易。例如,徐现祥等(2012)在利用铁路货运数据研究中国省际贸易时发现,当铁路货运贸易的外需导向较大时,贸易活动主要集中在周边区域;而当铁路货运以内需导向为主时,货物的流向则表现为从内陆向沿海地区的转移。

尽管铁路运输数据在某些方面存在局限性,例如缺乏细分产业部门的省际货运量、计量单位是重量而非价值量、不能用于分析省际服务贸易等,但其作为唯一公开可得的双边贸易数据,具有样本期长、数据连续的优点。从数据可得性的角度来看,铁路货物运输数据是研究省际贸易的次优选择。一方面,铁路货运数据的计量单位为重量,这可以剔除不同时期价格变化的影响,较为真实地反映贸易发展的实际状况。重量数据相比价值数据,更能直观地展示货物流动的实际量级,减少了价格波动对贸易分析的干扰。另一方面,铁路运输数据可以揭示区域间的物流网络和经济联系。铁路作为一种重要的交通运输方式,能够较为全面地展示区域间货物流动的路径和规模。通过分析这些数据,可以了解不同地区之间的经济联系强度和贸易模式,为制定区域经济发展政策提供依据。

然而,使用铁路运输数据也存在一些挑战。由于数据缺乏对细分产业部门的区分,难以精确分析不同产业的贸易流动情况。同时,铁路运输数据主要反映的是大宗货物的运输情况,对于高附加值、小批量的货物贸易和服务贸易,铁路运输数据的适用性较低。此外,铁路运输数据只能反映货物的流量,而无法提供关于贸易交易价格的信息,这在某种程度上限制了其在经济价值分析中的应用。因此,尽管铁路运输数据具有重要的研究价值,但在使用时应结合其他数据和方法,以全面分析省际贸易的多维度特征。

3. 单一区域投入产出表

从单一区域投入产出表中,我们可以获得各省份各部门的中间投入和最终使用数据,这对于理解各地区的经济结构和贸易流动具有重要意义。自 1982 年以来,我国各省份每隔五年编制一次省级投入产出表,这些表格系统地反映了各省份国内贸易流入和流出情况。例如,张少军等(2017)从最终需求的角度出发,构建了一个包含省际贸易因素的分解法,将经济增长分解为消费、投资、省际调出和出口四种因素。通过省级投入产出表,他们获得了省际贸易数据,并对1987—2007 年中国经济增长进行了因素分析。

　　然而,尽管省级投入产出表提供了丰富的数据,但在反映省际贸易关系方面存在一定局限性。一方面,这些表格中的流入和流出数据只能笼统地反映某省份与全国其他所有省份的"一对多"贸易联系,无法具体到两省份之间的双边维度"一对一"贸易数据。这意味着我们无法直接了解某个特定省份与另一个特定省份之间的具体贸易量和贸易结构。另一方面,各省份的投入产出表编制口径存在差异,进一步限制了数据的综合使用和比较。一些省份的投入产出表中包含国际贸易数据,使得国内贸易与国际贸易难以区分,部分省份的数据甚至仅包括净出口和国内净流出的总量数据,这种情况下难以准确反映省际贸易的实际情况。此外,由于各省份在编制投入产出表时采用的分类标准和统计口径不同,数据之间的可比性和一致性受到影响。

　　总而言之,虽然省级投入产出表提供了有价值的宏观经济数据,但它们在分析具体的省际贸易关系时存在显著的局限性。通过这些表格,我们无法获得反映省际"一对一"贸易关系的具体数据,这对深入研究省际贸易动态和区域经济联系来说是一个重要限制。为了弥补这一不足,研究者需要结合其他数据来源和方法,如直接估计法、引力模型等,来获得更为详细和精确的省际贸易数据,从而更好地理解和分析区域间的经济互动和贸易流动。

4. 区域间投入产出表

区域间投入产出表记录了区域内和区域间分产业部门的中间投入和最终使用信息，能够提供详细的区域间"一对一"部门贸易数据。这类表格可以精确展示不同地区之间的经济联系和贸易流动，是研究区域经济互动的重要工具。区域间投入产出模型最早由 Isard（1951）提出，由于该模型对数据要求极高，学者们相继提出了数据需求量较小、估算效率较高的替代模型，其中最具影响力的是 Chenery-Moses 模型（Chenery，1953；Moses，1955）。相比之下，我国对区域间投入产出模型的研究起步较晚，但近年来也取得了一些进展。例如，市村真一等（2007）编制了 1987 年区域间投入产出表，刘强等（2002）、国家信息中心（2005）、许宪春等（2008）分别编制了 1997 年区域间投入产出表，石敏俊等（2012）、张亚雄等（2012）、李善同（2010，2016）编制了 2002 年和 2007 年区域间投入产出表，刘卫东等（2015）编制了 2010 年区域间投入产出表。这些研究为中国区域经济分析提供了宝贵的数据支持。

然而，中国的区域间投入产出表在省级层面的应用仍然面临诸多挑战。首先，因区域划分过于宽泛，难以进行精细的省级层面研究。例如，国家信息中心（2005）根据地理位置和经济发展程度将中国各省份仅分为 8 个区域，这种划分无法反映各省份之间更细致的经济联系和差异。其次，因产业部门划分不够细致，影响了对不同产业间经济活动的详细分析。例如，刘强等（2002）将产业部门设置为10 个，市村真一等（2007）则设置了 9 个。这种粗略的产业划分无法满足对复杂经济活动的深入研究需求。再次，不同研究机构的编制方法和原始数据来源不一致，难以将不同机构的数据进行综合使用。例如，国家信息中心（2005）出版的区域间投入产出表以省级投入产出数据为基础,结合调查和非调查数据编制而成;而石敏俊等(2012)的区域间投入产出数据是在 Chenery-Moses 模型框架下,假设任一部门产品对各个区域的供应比例相同,并结合引力模型完成的。这种方法差异导致数据之间的可比性和一致性较差,难以进行跨研究的综合分析。最后,区域间投入产出表的样本期较短且数据不连续,无法对中国省际贸易进行长期研究。由于缺乏连续的数据支持,研究者难以系统地分析长期经济趋势和区域间贸易关系的动态变化。

尽管存在这些问题,区域间投入产出表仍然是研究区域经济互动的重要工具。未来的研究应致力于改进数据的收集和处理方法,增加数据的细致程度和连续性,并推动不同研究机构之间的数据标准化合作,以提供更为可靠和详细的区域间经济分析基础。这将有助于更好地理解中国省际贸易的动态变化,为制定区域经济政策提供更科学的依据。

5. 引力模型估算法

Leontief et al.(1963)提出的引力模型(Gravity Model)自问世以来便被广泛应用于区域经济研究。该模型的基本思想源自物理学中的万有引力定律,该定律指出,两星体之间的引力由其质量和星体间的距离决定。引力模型在经济学中的应用同样遵循这一原则,假定两个经济体之间的贸易量受到它们的经济规模和地理距离的影响。在区域经济研究中,引力模型的核心思想是利用各区域的总供给和总需求数据来代表各省的"质量",并用区域间重要城市的距离来代表区域间的"距离"。通过这一方式,研究者无需详细计算每个区域的贸易总流出量和总流入量,只需选择合适的贸易参数估算方法,即可推断出区域间的贸易流量数据。引力模型假设,区域间的贸易规模与其经济规模成正比,与其距离成反比。也就是说,经济规模越大的两个区域之间的贸易量越大;反之,距离越远的两个区域之间的贸易量越小。其中,摩擦系数的估算是利用引力模型计算区域间贸易流量的关键步骤,计算方法主要包括运输量分布系数法、单一点估算法和交叉熵法。

井原(Ihara,1996)提出运输量分布系数法假设,区域间货物运输量的分配比例与货物中重要产品的运输比例相似,从而计算出区域间产品流动的摩擦系数。然而,根据目前的数据情况,我国尚未披露各部门的省际货运量,因此通过该方法只能估算贸易总量数据。此外,该方法对运输数据的依赖较强,导致价值量估算的精度较低。不过,运输数据的样本期较长,可以逐年更新摩擦系数,并且其估算还考虑到各省的经济发展状况,相比单纯的货物运输数据,更能反映真实的贸易联系。于洋(2013)首次利用该数据分析国内贸易,这些数据是唯一可以公开获得的、样本期较长、以价值量为计价单位的省际"一对一"双边数据。因此,在缺乏其他数据的情况下,该方法仍然是次优选择。

Leontief et al.(1963)提出的"单一点估算法"是目前编制区域间投入产出表最常用的方法之一。该方法利用基年的区域间投入产出表来计算基年各省份各部门之间的贸易摩擦系数,并假设从基年到计划年摩擦系数保持不变,从而估算出计划年各部门的省际贸易数据。如果能够获得各区域各产品基年的投入产出数据,通过计算每种产品的贸易系数,可以形成各产品完整的基年贸易系数矩阵。如果仅能获得基年内各区域几种产品的投入产出数据,则可以首先计算这几种产品的区域间贸易摩擦系数,再用这些摩擦系数代替其他产品的贸易系数,从而构建基年各部门完整的区域间贸易摩擦系数矩阵。随后,假定这些区域间贸易摩擦系数从基年到计划年保持不变,结合计划年各区域各部门的产出和需求数据,可以估算出计划年的区域间贸易数据。这种方法被称为"单一点估算法"。尽管该方法假设摩擦系数在整个期间不变,这可能导致估算结果与实际情况存在差异,但由于单一点估算法的摩擦系数是基于区域间投入产出表计算而来,而不仅仅依赖于运输数据,其估算结果相对更加可靠。通过该方法,可以利用较少的数据获得样本期较长、产业部门分类较为细致的区域间贸易数据。这种方法在数据资源有限的情况下,提供了一种有效的解决方案,为区域经济分析和政策制定提供了坚实的数据支持。

许召元等(2009)根据中国省际数据的特征,结合引力模型和交叉熵模型,估算出 2002 年中国 30 省份 21 部门的贸易流量数据。首先,作者利用 2002 年省际铁路货物运输交流数据,推算出 8 种产品的省际交流重量,并通过计量回归模型估计这些产品的参数。这些参数包括各区域的总供给量、总需求量、区域 GDP 占全国 GDP 的比例以及区域间的距离。其次,将这 8 种代表性商品与投入产出表中的 21 个部门进行匹配,从投入产出表中获得各部门的总供给和总需求数据,通过引力模型计算出初步的贸易流量矩阵数据。最后,作者构建了最小叉熵模型,利用最小叉熵法对初步贸易流量矩阵进行调整,以平衡各省的调入和调出值,确保总省际调出等于总省际调入。尽管引力模型和最小叉熵法可以得到细分产业部门的省际贸易数据,但仍存在一些不足。一是,8 种代表性商品的省际实际运输量无法从公开数据来源获得。统计年鉴仅公布了省际货物交流数据、省际煤炭交流数据以及全国分类别货物运输重量数据,研究者只能通过全国8种商品货运量按比例估算省际交流情况,这样推算的引力模型参数可能不准确。二是,由于估算过程中多次使用交叉熵法对贸易数据进行调整,过程复杂且结果可能与实际情况有偏差。三是,通过省际货物运输交流数据只能推算出省际产品贸易情况,无法估算省际服务贸易的交流数据。总的来说,虽然该方法在获得细分产业部门的省际贸易数据方面具有一定优势,但在数据准确性和应用范围上仍存在一定的局限性,需要进一步改进和优化。

6. 区位商法

区位商法(Location Quotient)是估算区域间投入产出表和研究区域经济的重要模型,常见的有简单区位商法和供给需求法等。该方法通过比较区域内某部门的产出占该区域总产出的比重与全国该部门产出占全国总产出的比重来评估区域经济结构。如果某部门在某区域的产出比重高于全国平均水平,则表明该部门在该区域具有相对优势;反之,如果比重低于全国平均水平,则表明该部门在该区域相对较弱。

利用区位商提供的信息,可以将全国的投入产出技术结构区域化。具体而言,当某区域的区位商大于或等于1时,假定该区域的投入系数等于全国的投入系数;当区位商小于1时,需要对投入系数进行调整,以反映该区域的实际情况。在完成全国投入系数的区域化之后,还需要考虑地区间的投入系数。例如,在一个两地区模型中,假定全国分为R和S两个区域,通过全国投入系数估算各地区内部的投入系数。如果一个区域的自给系数为区位商,当区位商大于或等于1时,区域内自给可以满足需求;当区位商小于1时,则需要从另一个区域调入产品,以满足需求。通过这种方法,可以分离并计算出区域间产品的流动,最终得到完整的区域间投入产出系数矩阵。

综合应用区位商法和 RAS 平衡法,可以将区位商法用于多区域投入产出表和多区域贸易流量的估计。尽管区位商法对数据要求较少,但其估算的准确度一直受到质疑(许召元等,2009)。

7. 数学规划模型法

陈秀山等(2007)通过基于区域经济核算框架的数据规划模型,估算了中国中部六省三部门的省际贸易流量。该模型在线性约束条件下解决非线性规划问题,其中目标函数中权重的选择对于整个模型的求解有重要影响。具体来说,该模型考虑了各部门产品或服务在各区域的总产出、最终需求、增加值、出口和进口,以及从一个区域到另一个区域的贸易量和区域内部的中间产品投入量。

模型包含三条主要的约束条件:第一,确保某区域内各部门的中间产品和要素投入总和等于该部门的总产出;第二,所有区域的产品流入必须满足各个区域的中间需求和最终需求;第三,各个区域内各部门产品的总产出必须等于其向全国各区域及出口的产品总量。陈秀山等(2007)利用省级投入产出表和区域间铁路运输量矩阵,成功估算出 1997 年和 2002 年中部六省的省际贸易流量。

然而,利用数学规划模型来估算省际贸易流量存在一些问题。例如,一些省份的投入产出表获取难度较大,这些省份的数据只能通过估算获得。此外,由于交通运输交流数据的限制,省际贸易部门分类较为粗糙,这在一定程度上影响了估算结果的精确性和细致程度。

8. 增值税法

"金税工程",又称中国税收管理信息系统,是一项覆盖所有税种、包括国地税务机关征收管理的信息化工程。自 1994 年开始实施以来,这一系统已逐步发展为一个全面的税收数据采集和管理平台,涵盖了我国各省份每月入库的增值税专用发票数据。这些发票详细记录了各省份之间的贸易量,为经济研究提供了宝贵的数据资源。具体而言,增值税是一种对商品或劳务的增值额征收的税种。当买方向卖方支付一笔包含税额的金额时,会索取增值税专用发票以抵扣税款。这张专用发票不仅披露了交易的金额和增值税额,还记录了买卖双方的公司名称及其所在地。这些信息对于研究区域间贸易流量具有重要意义。通过"金税工程"采集的数据,研究者可以获取到详细的省内贸易数据和省际"一对一"贸易数据。例如,行伟波等(2009)利用"金税工程"中 2003—2005 年全国 30 个省份的入库增值税发票数据,成功地研究了省际贸易流量。这些数据为分析中国各省之间的贸易联系提供了高精度的基础。这些发票不仅展示了交易的具体细节,还为我们了解各省份之间的经济互动提供了数据支持,使得研究者能够深入分析不同区域之间的贸易模式和经济联系。

然而,"金税工程"信息系统的使用也存在一些限制。首先,这一系统为非公开数据库,其数据使用受到严格的限制,研究者需要通过特定的渠道和权限才能访问这些数据。其次,纳税方所在地与实际经营地可能存在差异,这种情况下,发票记录的贸易数据可能不能完全准确地反映真实的贸易流动。再次,由于偷税漏税等问题的存在,某些交易可能未能被完全记录或准确反映,进而影响省际贸易估算结果的准确性。这些问题在一定程度上限制了"金税工程"数据的应用范围和精度。

尽管存在这些挑战,"金税工程"提供的数据仍然是研究中国省际贸易的重要资源。通过综合运用这些数据,研究者可以更好地理解中国各省份之间的经济联系和贸易模式,从而为制定更加科学的经济政策提供依据。未来,随着数据获取和分析技术的不断进步,如何有效利用"金税工程"数据,解决其现有的局限,将成为进一步研究的重要方向。例如,通过改进数据采集方法和加强数据校验,可以提高数据的准确性和全面性,从而更好地服务于经济研究和政策制定。

(二)市场分割问题的研究方法

大量研究采用不同的方法衡量区域经济一体化,例如分析中国省际贸易流量(贸易量法)、比较区域间价格水平差异和波动(价格法)、分析各省份产出差异(生产法)、测算各地区经济周期相关程度(经济周期法)以及通过问卷调查的方式直接获取市场分割的信息(问卷调查法)。

1. 贸易量法

贸易量法主要利用省际贸易联系来反映区域之间贸易整合程度,使用贸易量法来评价市场分割主要有三种方法:一种是贸易流量分析法,一种是边界效应法,一种是贸易成本指数法。第一,贸易流量分析法。贸易流量分析法通过对比分析贸易规模,确定贸易整合程度。该方法的基本假设是,如果一个地区的贸易量较大,说明该地区与其他地区的经济联系较为紧密,市场整合程度较高。Naughton(1999)利用省级投入产出表分析1987—1992年中国省际贸易流量,发现省际贸易流量有所增长,制造业内部各行业间的贸易占据主导地位,国内贸易总额明显高于国际贸易,显示出国内市场整合程度上升的趋势。这一结果表明,尽管中国各省份之间存在贸易壁垒,但整体趋势是朝着更高水平的市场整合发展。第二,边界效应法。边界效应法指的是行政边界对贸易的阻碍作用,该方法通过比较省内贸易和省际贸易的相对大小来衡量市场分割的程度。如果区域间贸易流量较大或贸易的边界效应较低,表明市场分割程度较低;反之,说明市场分割程度较高。例如,Poncet(2002,2005)利用省级投入产出表分析省际贸易和市场分割的变化,结果表明尽管省际贸易流量在不断上升,但其上升幅度远小于对外贸易流量的增长速度,且省际贸易的边界效应明显提高,地方保护程度和市场分割程度有所上升。边界效应法的优点在于其直观性和易理解性,但也存在一定的局限性,如难以完全剔除地理距离、文化差异等因素对贸易的影响。第三,贸易成本指数法。Head-Ries 贸易成本指数法也被广泛应用于贸易壁垒研究(Head and Ries, 2001; Albrecht and Tombe, 2016; Tombe and Zhu, 2019)。该方法通过计算省际贸易成本来衡量市场分割程度。与边界效应相比,Head-Ries 贸易成本指数不仅可以测量各省平均省际贸易壁垒,还可以明确测量两省之间的贸易成本。使用 Head-Ries 指数测量省际贸易成本可以剔除贸易规模和第三方对省际贸易成本的影响,贸易额的平衡与否不影响贸易成本的测量(Tombe and Zhu, 2019)。这一方法的优势在于其精确性和可操作性,能够细致分析不同省份之间的贸易成本差异,但同时也需要大量数据支持,且在实际操作中可能面临数据获取困难的问题。

通过贸易量法分析省际贸易可以较为直接地反映国内市场整合程度,但该方法仍存在一些局限性。首先,省际贸易流量的大小不一定能准确反映市场整合程度,贸易量的大小可能与地区的规模经济相关,而地区的贸易壁垒可能并未减弱,省际贸易整合程度没有显著变化。其次,商品替代弹性的大小对区域间贸易量的变化影响较大,如果区域间商品的替代弹性较高,即使商品价格变化较小,也会导致区域间贸易流量发生较大变化。最后,贸易的本地偏好不仅由市场分割引起,还与地理距离、运输成本等因素相关,因此用贸易量法研究市场分割具有一定的局限性。贸易流量的变化可能更多地反映经济活动的集中程度和产业集聚效应,而非市场整合程度的直接表现。

2. 价格法

通过测量地区之间价格波动的相对差异来考察市场之间的整合状况。价格作为商品供求关系的信号,能较为准确地反映市场之间是否存在套利空间,进而体现市场分割的强弱。使用价格法来评价市场分割的常见方法有相关分析法、协整分析法和相对价格法,最常用的是相对价格法。一价定律认为不同市场中的同一商品价格最终将趋向一致,冰川成本模型则认为两地同一商品价格存在一定的波动空间,无论两地价格的变动方向是否一致,如果价格的波动差异不超过一定范围,可以认为两市场是趋向于整合的;反之,则说明市场整合程度较低。大量文献使用相对价格法研究国内市场的整合程度,例如,桂琦寒等(2006)、陈敏等(2007)分别利用1985—2001年我国省级面板数据,使用相对价格法来描述我国相邻市场整合程度及其变化趋势,研究结果表明我国国内商品市场分割程度有减弱的趋势。

相对价格法的数据获取难度较低,可以进行较长时序的分析。但是采用该方法分析市场整合程度存在很多问题:首先,影响价格波动的因素有很多,很难将由地方保护、市场分割引起的价格的波动分离出来;其次,相对价格法的商品仅仅选取几种代表性商品,并不能较为全面地反映地区之间的价格波动差异;最后,我国1992年才确立了建设社会主义市场经济体制的改革目标,市场化改革是一个渐进的过程,价格的波动并不能完全地反映市场的信号,更不能全面地反映市场之间的整合程度。

3. 生产法

生产法是基于各地产业结构和专业化分工情况,通过构建行业集中度指数、地区专业化指数、产业结构相似度指数等指标来反映地区间市场分割的程度。以地区专业化指数为例,如果区域经济结构的专业化程度上升,那么市场分割程度则下降;反之,市场分割程度上升。Young(2000)使用地区专业化指数分析了1978—1997年中国各省GDP结构和制造业的产出结构及其变动,通过与全国整体制造业水平相比,分析我国各省制造业产出结构差异及其变动,发现国内各个区域经济结构趋同,而各地的商品零售价格、农产品收购价格以及劳动生产率差异有扩大的趋势,因此认为我国市场整合程度下降。

采用生产法测度市场分割程度简单易行,且所需数据容易获取。然而,该方法存在一定缺陷。首先,生产法不能准确地反映我国市场分割程度。该方法从专业分工的角度来分析我国区域之间的经济联系,而地区专业化程度并不能视作市场一体化的等价形式。实际上,地区专业化与省际贸易之间的关系并非如此简单,它不仅取决于生产部门划分的精确程度,还取决于生产规模、产品性质等因素的影响(陆铭等,2011)。其次,随着我国市场经济的发展、产业布局不断优化,地区间产业结构的变化意味着分工合理性的提高并不一定代表

市场分割的变化。最后,产业结构趋同并不代表市场分割较强。除
了产业间贸易,地区之间还存在大量的产业内贸易,因此即使地区之
间产业结构趋同,也可能通过产业内贸易实现紧密的市场联系(石敏
俊等,2012)。

4. 经济周期法

经济周期法来源于最优货币区理论,用来考察经济周期的同步
性与区域内货币政策的实施效果。学者们利用经济周期的相关性来
衡量不同国家或地区之间的协同性,间接反映国内市场分割程度。
例如,Xu(2002)利用经济周期法对 1992—1998 年中国 29 省份的三
大产业部门的相关数据进行了实证分析。结果表明,虽然在短期内
各省影响可以解释 35% 的省级实际产出变动,但是在长期内部门固
定影响成为产出波动的主要因素,尽管中国区域经济一体化水平有
待提高,但是正朝着有利的方向发展,地方保护和市场分割的程度有
下降的趋势。

经济周期法虽然在一定程度上可以间接衡量国家之间和国家内
部的市场整合程度,但是具有一定的局限性。影响经济周期的因素
较多,例如国际贸易、金融市场波动、产业结构等等,因此以经济周期
的非同步性来评价市场分割程度会出现偏误。

5. 问卷调查法

问卷调查法是通过调查的手段,直接获得关于地方保护的第一
手资料和相关数据,得出的结论更加接近市场分割的实际情况。问
卷调查法的关键在于调查问卷的设计,需要事先了解市场分割的具
体表现形式、手段、方法以及影响。同时要按照区域、行业等均匀分

布的要求确定受访对象,分类进行抽样调查,通过对调查问卷的筛选、分析和处理,估算市场分割的程度及其变化趋势。例如,李善同(2004)2003 年 3—6 月期间,针对企业和非企业展开调查,通过调查问卷来考察我国各省份的地方保护程度,发现中国国内的地方保护程度虽然已经有很大的改善,但是依然存在,且手段、方式和对象都发生了变化。

通过向企业和其他单位发放问卷,就市场分割和地方保护问题进行抽样调查,可以得到关于地方保护的第一手资料,有助于全面了解地方保护的形式和手段,有助于提出针对性较强的解决办法。但是其弊端在于,问卷调查法的研究周期较长,耗费大量的人力、物力和财力,并且需要受访者积极配合,因此该方法在实际研究中较少使用。

综上所述,通过对比上述研究市场分割方法的优缺点,本书认为研究地区间贸易流量能够更加直接地反映区域间市场交流的状况,能够较为准确地刻画我国市场分割问题,不但可以从整体上评价我国市场分割平均水平,还可以对各省份、各个产业部门的市场分割进行分析。因此,本章将通过分析中国省际贸易流量的方法,来研究中国国内各区域之间经济贸易联系和一体化进程。

(三) 市场分割的度量

1. 边界效应

用贸易量法分析市场分割问题时,最常见的方法是使用"本地偏好"(Home Bias)和"边界效应"(Border Effect)来度量市场分割的程度。大量研究表明,无论是国家之间的国际贸易,还是一个经济体内部的区域间贸易,均存在较强的本地偏好。一般来说,贸易的本地偏好起源于国际贸易,国家或地区间由于行政边界的存在而产生的诸如关税等方面的贸易壁垒是产生贸易本地偏好的重要因素,这就是边界效应,本地偏好和边界效应的大小反映了由行政边界导致的市场分割程度。对于一个国家内部贸易而言,国家内部各区域具有相同的语言、货币和经济核算体系,不存在关税、配额等各种国际贸易障碍,所以国家内部区域间贸易边界效应则反映了该国内部区域间贸易的政策壁垒,因此对国家内部区域间贸易是否存在本地偏好的检验能够更加准确地反映国家内部区域经济一体化的程度。

对贸易的本地偏好现象的研究起源于国际贸易领域,进而引申到国家内部区域间贸易领域。第一,从国际贸易角度来看,McCallum (1995)开创性地将边界效应变量引入引力模型,通过研究美国各州和加拿大各省之间的国际贸易和国内贸易,发现加拿大国内贸易比美加两国国际贸易量高出 20 倍左右,行政边界的存在对双边贸易有显著的阻碍作用。自 McCallum(1995)的研究之后,国际上许多学者都开始对边界效应问题进行研究,这些研究表明国家之间存在着边界效应,且边界效应通常在 1.5—22 之间,即国内贸易是国际贸易的 1.5 倍—22 倍之间,贸易存在较强的本地偏好现象。Wei(1996)将边界效应看作是一个关于贸易壁垒的综合指数,该指数受关税和非关税贸易壁垒、国内贸易、国际贸易以及其他因素共同影响。通过对 OECD 成员国的边界效应进行实证检验,该文作者发现 OECD 成员国内部贸易大约是该国与 OECD 其他国家国际贸易的 2.5 倍。Nitsch(2000)发现在控制了规模和距离以后,欧盟成员国的国内贸易大约是该国与其他欧盟成员国国家国际贸易的 10 倍左右。An-derson et al.(2003)指出由于国家边界的存在,工业化国家间的贸易大约降低了 20%—50%。Helble(2007)采用地区间运输流数据,发现法国的国内贸易额大约是法国对欧盟其他国家贸易额的 8 倍,德国的国内贸易额大约是德国对欧盟其他国家贸易额的 13 倍。第二,从一国内部区域间贸易来看,尽管在国内贸易中不存在由于语言、货币、制度等差异造成的贸易壁垒,但是行政区划边界的存在类似于国际贸易中的国家边界,严重阻碍国内各个区域之间的贸易往来。Wolf(2000)根据 1993 年美国各州州内和州际商品流动调查数据指出美国各州之间存在一定程度的边界效应。Helliwell et al.(2000)在控制了人口规模和分布的基础之上,并采用人口加权平均距离作为省际贸易距离,发现加拿大国内贸易存在较大的省级行政边界效应。

近年来,学者们对中国区域经济和贸易本地偏好现象的研究不断深入,然而有关中国一体化水平的研究并没有得出一致的结论。一方面,一些学者认为改革开放以后中国各区域之间仍然存在较强的贸易壁垒。例如,Young(2000)通过分析 1952—1997 年我国五个行业的产出数据、价格差异数据和劳动力转移数据,发现各省产出结构有趋同的迹象,且区域间价格差异扩大,农业劳动力并没有根据比较优势进行转移,中国区域经济一体化程度正在降低。Poncet(2005)利用 1992 年和 1997 年中国 21 个部门贸易数据,分别估算了各部门、各地区边界效应,结果表明我国省际边界效应逐渐增大,国内区域经济一体化程度较低。行伟波等(2010)利用 2002 年投入产出数据对中国省际贸易壁垒进行实证检验,结果发现中国地区间贸易确实存在较大的本地偏好。另一方面,还有一些研究结果表明中国区域经济一体化程度逐渐提高。例如,Naughton(1999)根据 1992 年中国省级投入产出表研究中国各省份各行业贸易流量,结果发现中国省际贸易流量不仅大而且产业内贸易在省际贸易中占主导地位,已经具备了较高的一体化水平。行伟波等(2009)利用"金税工程"数据库获取 2003—2005 年中国省际贸易流量数据,并利用引力模型对中国省际贸易的边界效应进行实证检验,结果发现历年省际边界效应大约在 4—6 之间,但是 2003—2005 年省际边界效应没有出现一致的变化趋势,中国已经具备较高的市场一体化水平。

　　除此之外,大量学者通过贸易数据检验各行业部门的边界效应。黄赜琳等(2006)在 Head et al.(2000)模型基础之上构建了地区间贸易的边界效应模型,对 1997 年我国各地区各行业国内贸易数据进行分析,结果发现 1997 年农业贸易领域的边界效应最高,其次是商业运输业、轻工业、采选业、重工业、建筑业和水电煤业等领域的边界效应较低。赵永亮等(2008)对区域间投入产出数据进行研究,结果发现 1997—2005 年,商业运输业、轻工业和农业的保护程度最为严重,服务业、水电煤业、建筑业、采选业和重工业的保护程度相对较轻。行伟波等(2010)利用 2002 年投入产出数据对中国省际贸易壁垒进行实证检验,结果发现服务业和农业更偏好于在地区内部进行交易,制造业与其他行业相比边界效应较小。

　　以上文献主要针对国与国之间、国家内部行政边界效应进行讨论,实际上,除了行政边界之外,国内贸易还存在其他地理空间维度的边界,例如历史边界、地理边界等等。Nitsch et al.(2013)检验德国分裂时期的德边界是否会影响当今德国的国内贸易,结果发现德仍然存在较为明显的贸易分割,两德之间的贸易平均比内部贸易少20.5%左右。Felbermayr et al.(2014)讨论美国南北战争之前北方联邦和南方联盟之间的边界是否会影响当今美国国内贸易,通过分析美国商品流动调查数据,作者发现南、北区域之间的贸易比南方、北方各自内部贸易少 12.8%。Wrona(2018)对日本市场内部分割边界进行识别和检验,结果发现日本市场中间存在市场分割边界,导致日本跨区域贸易比区域内贸易少51.3%左右。除此之外,部分学者也关注到了中国国内贸易地理空间分割问题,赵永亮等(2007)、赵永亮(2012)通过引入区域虚拟变量来检验我国贸易活动在地理上的差异,结果显示西部地区的贸易壁垒高于东部地区,我国东西区域之间可能存在一道明显的区域分界线,割裂了大区域之间的经济联系。然而,该文献并未对中国该区域分界线进行识别和检验。

2. 贸易成本指数

除了边界效应,Head-Ries 贸易成本指数也被广泛应用于贸易壁垒的研究(Head and Ries,2001;Albrecht and Tombe,2016;Tombe and Zhu,2019)。该指数通过省际贸易比例来推断各省之间不可观测的贸易成本,提供了一种有效的方法来分析国内市场的分割程度。尽管一个国家内部地区之间并不存在关税,但是不同地区在长途货物运输规章制度、产品安全标准等方面的差异,以及政府和企业采购更倾向于选择省内供应商等因素均会提高地区之间的贸易成本(Beaulieu et al.,2003;Ivison,2014)。这些因素共同作用使得地区之间的贸易成本上升,进一步影响了区域间贸易的流动性。各省份的省内贸易比例、省际流出贸易比例以及出口贸易比例中包含了关于贸易成本的相关信息。贸易成本的存在导致各省份在选择贸易对象时产生了系统性的偏好,即各省份流出至其他省份的贸易比例普遍低于其省内贸易比例(Albrecht and Tombe,2016)。

具体来说,边界效应主要刻画由省级行政边界引起的贸易成本,反映了行政边界对区域间贸易的阻碍作用。而 Head-Ries 贸易成本指数则进一步扩展了这一概念,通过包括行政、地理、制度等多种因素,综合衡量了贸易的总成本。该指数不仅考虑了行政边界的影响,还包括了地理距离、运输成本、地区间经济政策差异等因素,从而提供了一个更全面的视角来分析区域间贸易壁垒。此外,Head-Ries 指数通过省际贸易比例推断不可观测的贸易成本,克服了直接观测和统计贸易成本的困难。它采用了一种间接测量的方法,通过分析省内贸易和省际贸易的数据,推断出各地区间的相对贸易成本。这种方法的优点在于,即使在缺乏详细数据的情况下,仍然可以有效地估算各地区间的贸易壁垒,进而为政策制定者提供重要的参考信息。

（四）市场分割形成的原因

国内文献中市场分割主要分为制度性分割和自然分割。大量文献对我国制度性分割进行了深入的讨论,制度性分割形成的原因主要分为三类,社会主义经济体制转型、传统计划经济体制下的工业布局以及财税体制改革(范欣,2016)。首先,制度性分割在我国从计划经济向市场经济转型过程中形成。这一过程中,与市场经济相匹配的体制机制尚不完善,国有经济难以迅速适应市场经济,民营企业的政策支持不到位,转型过程较为困难(银温泉等,2001)。此外,政府简政放权不到位,仍旧习惯自上而下的层层管理,导致市场竞争不充分,资源跨区域流动较为困难。其次,传统计划经济体制下的工业布局导致地区间产业同构现象严重,阻碍了市场整合。"二五计划"期间,各地政府基于自身拥有的财权和事权,使得各地区工业投资力度不断加大,工业建设遍地开花。20 世纪 60 年代中后期,国内被分为十大协作区,各自进行生产,形成自身的工业体系;20 世纪 70 年代,国内各地重复建设严重,阻碍了区域间的经济交流。随着市场经济的发展,部分国有企业逐渐难以适应,技术更新速度慢,产品竞争力低。为了保护本地企业,地方政府人为设置障碍,限制外地同类产品的流入。这种人为造成的市场分割进一步加剧了地方重复建设,不利于区域间的分工与合作。最后,财税体制改革也间接产生了市场分割。20 世纪 80 年代以来的"财政包干制"以及 20 世纪 90 年代的分税制改革,将财政权利下放到地方,但由于财权、事权及财力的不匹配,加重了地方政府的负担。地方政府基于有限的财力,将资金投资到高税率、投资回报期短的企业,直接导致地方重复建设严重,产业结构趋同,加剧了地区间的市场分割。除了制度性分割,自然分割也在一定程度上影响了市场整合。自然分割主要由地理因素、资源分布、基础设施建设等引起。例如,地理障碍(如山脉、河流等)限制了区域间的交通和物流,资源分布不均导致各地区在资源获取和利用上的差异,基础设施的不完善进一步加剧了市场分割。这些自然因素使得区域间的经济联系不够紧密,阻碍了市场的一体化进程。

国外文献将边界效应形成的原因主要分为三类,即政治壁垒(Political Barriers)、基本因素(Fundamentals)以及统计伪像(Artefact)。首先,政治壁垒的观点认为即使取消了关税边界或者形成货币联盟,但与政治边界相关的区域依旧存在难以解释的异质性,导致这些边界依旧通过非关税壁垒的形式来继续影响贸易(Nitsch et al.,2013)。例如,欧盟各个国家之间虽然不存在关税的问题,然而各个国家的税收、法律以及文化等差异,导致国家之间有较强的贸易分割。由于中国是一个统一的国家,因此基本不存在由政治壁垒因素引起的边界效应。其次,边界效应在一定程度上可能源于统计学伪像,由于难以将边界相关贸易壁垒的影响和地理距离的影响区分(Head et al.,2009),或者由于统计聚合问题的存在(Hillberry et al.,2008),最终产生了边界效应。本书分别通过替换距离数据、改变计量方法以及通过使用分部门数据进行检验来解决上述问题(Nitsch et al.,2013)。如果边界效应是由于统计伪像造成,那么边界变量回归系数的符号将无法确定,同时加总数据和部门数据的回归结果将差异很大。最后,根据基本因素的解释,边界效应很大程度上源于区域之间的异质性,这些异质性独立于政治壁垒,例如,语言因素、社会因素、商业模式、地形因素等,而行政边界往往会基于这些因素划定,因此相比于政治壁垒,基本因素对贸易的影响更加持久(Rauch,1999;Combes et al.,2005;Schulze et al.,2009;Nitsch et al.,2013)。如果中国国内贸易边界效应主要由于社会网络、商业网络或者地理因素引起,那么无论使用加总数据还是部门数据,边界变量回归系数应该均小于零,且差异不大。例如,Felbermayr et al.(2014)的研究结果表明社会网络以及土地差异可以减缓美国内部贸易分割,但是均不能消除市场分割,因此美国的市场分割可能是由于地区之间的经济基本因素。

综上所述,现有文献对国内贸易的研究存在以下显著不足:第一,由于省际贸易数据获取难度较大,现有文献中所使用的省际贸易数据存在诸多问题。例如,使用区域间投入产出数据或通过模型估算得到的部门省际数据,常常面临时间跨度较短、部门分类粗糙、地区划分过宽等局限性。这些问题使得数据的可靠性和适用性受到限制,难以全面反映省际贸易的真实情况。此外,使用铁路货物运输数据研究省际贸易,尽管可以提供一定的贸易流量信息,但无法准确刻画各省产品附加值和第三产业贸易的变化,导致研究结果的片面性。

尽管"金税工程"数据能够对国内贸易进行较为准确的刻画,但其数据使用受限,使得研究范围和深度受到制约。第二,现有文献受限于省际贸易数据的稀缺性,无法对省际贸易的演变趋势进行详细的刻画。由于研究时序较短,现有文献难以进行长期动态分析,无法准确把握省际贸易变化的趋势。此外,研究范围较窄,通常只能对货物贸易或产品服务贸易进行笼统描述,缺乏深入的部门间贸易联系分析;产品部门分类不全面、不同数据库产业部门分类口径不一致也使得从产业角度深入研究省际贸易联系变得困难,这些限制使得现有研究在描绘省际贸易的动态变化和结构特征方面存在明显的不足。第三,大量文献对国内贸易的研究一致认为,国内贸易在沿海地区呈现明显的区域化集聚现象。然而,对于国内贸易地理空间格局的清晰刻画仍然存在不足。尽管有学者提出我国可能存在一条边界将国内市场划分为东、西两个区域,并认为这条区域分界线割裂了两个区域之间的经济联系,但现有文献至今未能识别出该边界的具体地理位置。这使得对于国内贸易的空间分布特征和区域间经济联系的理解仍不够深入和全面。第四,现有文献对市场分割的研究主要集中在行政分割,忽略了行政边界之外的地理空间维度的市场分割问题。市场分割的讨论多停留在对全国平均市场分割水平的描述,忽视了市场分割对各省份、各部门的具体影响。此外,由于省际贸易数据的限制,现有研究缺乏对市场分割动态变化的详细研究,难以清晰刻画我国市场分割水平的变化趋势。这使得政策制定者在进行市场一体化改革和推动区域协调发展时,缺乏有力的数据支持和科学依据。

基于现有文献的不足,本书的贡献主要体现在以下几个方面:第一,本书首次规范地构建了 1992—2017 年中国 28 个省份的省内贸易、省际贸易以及国际贸易数据库。该数据库涵盖了各省的省际货物运输量数据、省际贸易总额数据、分行业省际贸易数据以及各省份各部门的进出口贸易数据。数据库不仅在时间跨度上为 26 年,而且在产业部门分类上进行了细致划分,使得研究可以从重量、价值量以及部门等多个角度全面分析中国省际贸易的演变趋势。这一系统性的数据收集与整理,不仅弥补了现有研究在数据方面的不足,还打破了以往省际贸易研究中的数据壁垒,为后续深入分析提供了坚实的基础。第二,本书利用 1992—2017 年的省际货物运输数据、省际产品服务贸易数据及省际部门贸易数据,对中国省际贸易进行了全面而系统的分析。长时间跨度的数据覆盖了自 1992 年中国社会主义市场经济体制改革以来的各个重要阶段,能够基本反映我国省际贸易近三十年的变化特点。同时,分析内容广泛,涵盖了货物贸易、产品服务需求以及各部门间的贸易联系,细致的产品部门分类能够清晰描述省际产业联系及其动态变化。这种全方位、多角度的分析不仅揭示了省际贸易的基本特征和演变规律,还为理解中国经济的区域发展和产业布局提供了重要的参考。第三,本书深入讨论了省际贸易的行政分割问题,不仅系统梳理了省际贸易行政分割的倒 U 形变化趋势,还通过反事实估计分析了降低省际贸易壁垒后我国省际贸易的潜力。具体而言,本书系统计算了 1992—2017 年省级行政边界对省际贸易的阻碍作用,并进一步通过省际贸易成本指数量化了省际贸易壁垒。研究发现,行政分割导致的市场壁垒在一定程度上限制了资源的自由流动和优化配置,降低了市场效率。为了更深入地理解行政分割的影响,本书采用反事实分析方法,模拟在降低省级行政分割情况下的省际贸易潜力。通过这一方法,可以预估降低行政壁垒后,省际贸易流量、产业合作以及区域经济整合可能带来的积极效果。这为政策制定者提供了实证依据,指出了进一步推进建设全国统一大市场、发挥中国经济超大规模优势的必要性和潜在路径。第四,本书拓展了市场分割的研究内涵,通过分析省级行政分割之外的其他地理空间维度的贸易分割现象。通过对现有算法进行优化,本书识别出了国内贸易地理空间分割边界的位置,并对其影响因素进行了初步讨论。此研究不仅拓宽了市场分割的研究视角,还为理解中国区域经济差异和市场分割的成因提供了新的理论依据,有助于制定更加精准的区域发展政策和市场一体化措施。第五,本书为加快推进国内统一大市场建设的政策制定提供参考。通过本书的研究,可以更好地了解中国国内贸易的演变过程、区域经济一体化发展程度及国内贸易市场分割问题。基于研究结论,本书将提出一系列制定有效政策的建议,促进市场加快从分割走向一体化,使市场机制在更大范围内发挥作用,提高资源配置效率,实现国内统一大市场和贸易强国建设的协同推进,为中国经济高质量发展提供新的动力。

四、研究思路

基于本书的研究思路和方法,本书主要分为六个部分,结构框架如图 1.1 所示。

第一章,绪论。本章首先将详细描述本研究所探讨的问题,并阐明其在当前经济环境下的重要性和研究意义。接下来,通过现有研究进行梳理,本书将总结现有研究在理论框架、方法应用和实证分析等方面的进展,指出当前研究的不足之处,在此基础上提出更加精细化和系统化的研究方法,以弥补现有研究的不足。进一步地,本章将明确研究内容和研究框架,并提出本书的研究目标和创新之处。具体而言,本书将致力于构建一个更加全面和系统的分析框架,通过引入新的数据来源和研究方法,深入探讨省际贸易的动态变化及其对区域经济的影响,为区域经济政策的制定提供新的视角和理论支持。

第二章,中国省际贸易数据库的构建。现有研究对省际贸易问题讨论得相对较少,主要是由于省际贸易数据的稀缺性导致的。学者们主要通过官方统计年鉴、区域间投入产出表以及增值税发票信息获得省际贸易数据,现有数据主要存在以下缺点:一是《中国交通统计年鉴》披露的是省际铁路货物运输的重量数据,应用范围较窄;二是现有的区域间投入产出表只有有限几个年份的截面数据,且各机构的编制方法和数据来源不一致,不能综合使用,难以开展长时序的研究;三是增值税发票体现了企业对企业层面的业务往来,这是最为权威可靠的数据,但是由于获取难度较大,不能得到广泛应用。有鉴于此,申请人在系统梳理获取中国省际贸易数据的方法基础之上,通过对现有方法进行比较和评价,结合目前国内的数据条件,选取货物运输量估算法、运输量分布系数法以及单一点估算法等三种方法对国内贸易数据进行估算,并报告估算结果的系统性误差。数据包括 1992—2017 年中国 28 个省份 26 个部门的省际双边贸易流量,能够支持省级层面、产业层面较长时序的研究。在此基础之上,本书进一步将省际贸易数据与进出口数据进行匹配和整理,首先编制海关 HS 编码分类与省际贸易数据部门分类对照表,将海关数据按照本项目部门分类汇总,并求出各省份各部门产品进出口比例。进一步,按比例拆分货源地目的地进出口数据,从而得到各省份各部门进出口数据。本章的重点在于通过构建 1992—2017 年中国 28 个省份省际贸易数据库,为后续研究提供基础数据支持。

第三章,中国国内贸易演变趋势分析。首先,本章将分别从货物运输贸易以及产品和服务贸易两个方面,详细讨论各省的省际贸易流入、流出以及进出口情况。通过分析这些数据,可以发现不同种类产品在国内贸易中的变化特点,了解各省在全国贸易网络中的角色和地位。例如,通过对货物运输数据的研究,我们可以看到传统制造业和原材料的流动情况;而通过对产品和服务贸易数据的分析,则可以了解高附加值产品和服务业的发展趋势。其次,分别讨论货物运输贸易、产品和服务贸易的省内贸易和省际贸易比例的变化趋势,通过对比不同时期的数据,分析各省在这两类贸易中内部和外部交易的比重变化,从而揭示出各省省际贸易联系的演变轨迹。再次,从货物运输贸易以及产品和服务贸易的角度出发,讨论1993—2017年各省与中国8个经济区域的贸易往来。通过这一分析,能够深入理解我国区域间贸易的空间联系,揭示各省在区域经济中的相对位置和作用。这部分内容将重点分析东、中、西部地区的贸易流动特征,以及各区域内部和区域之间的经济联系强度和变化情况。最后,分别从初级产品和制造业产品的角度出发,讨论各产品在各个区域的空间分布、国内贸易总额、区域内贸易总额、区域间贸易额以及国际贸易额。通过这些分析,可以清晰地展示不同类型产品的贸易模式和空间分布特征,了解初级产品和制造业产品在各区域经济中的重要性,以及它们在国内和国际市场中的表现。本章旨在通过对国内贸易的多维度分析,深入挖掘地区之间的内在经济联系,为理解中国区域经济的协同发展提供科学依据。这些分析不仅有助于揭示各省和各区域之间的经济互动和贸易流动,还可以为制定更有效的区域经济政策和贸易政策提供重要参考。通过系统的分析和综合的研究,本章为后续章节的深入探讨奠定了坚实基础。

第四章,中国国内贸易省级行政分割。首先,使用边界效应对1992—2017 年中国国内贸易省级行政分割进行初步的讨论,从文献上补充了边界效应较长时序的测度和讨论,揭示了省级行政边界对国内贸易的长期影响。其次,参照 Head and Ries(2001)、Tombe and Zhu(2019)的方法,使用 Head-Ries 指数构建 1992—2017 年各省省际贸易成本,并计算了全国平均省际贸易成本。通过这种方法,不仅进一步验证了边界效应结果的稳健性,为理解区域间贸易壁垒提供关键数据,还为后续开展实证和量化分析提供基础。再次,从劳动力流动、产业结构差异、开放程度、财政因素四个方面,初步讨论其对省际贸易行政分割的影响,多维度的分析可以更全面地理解行政分割对贸易的影响机制。最后,进一步考察当省际贸易壁垒下降时,省际贸易的规模和比例会如何变化,从而为建设全国统一大市场、挖掘中国超大规模经济潜力提供参考,这部分研究将为政策制定者提供实证依据,帮助制定有效的政策措施,推动区域经济一体化和全国市场的高效运作。总的来说,本章通过详细分析省级行政分割对国内贸易的影响,揭示了省际贸易成本、劳动力流动、产业结构差异、开放程度和财政因素在行政分割中的作用。研究结果将为理解中国区域经济的动态和制定相应的政策提供重要的理论和实证支持。

第五章,中国国内贸易地理空间分割。本章聚焦于行政分割之外的其他地理空间维度的贸易分割,详细探讨中国国内贸易中地理空间分割的现象及其影响因素。首先,对现有的启发式搜索算法进行优化,识别出地理空间分割边界的地理位置。先从全局出发,通过启发式搜索算法(Wrona,2018)来初步确定省际贸易是否存在空间维度的地理趋势。在启发式搜索算法得到的边界基础之上,进一步引入用迭代式回归法,对空间边界进行精确识别,实现全局最优基础

上的局部最优解。其次,对各省地理空间分割边界效应进行实证检
验,深入讨论各个省国内贸易的空间分布。通过实证分析,揭示各省
在地理空间分割边界上的贸易活动差异,并分析这些差异背后的原
因。这样可以更好地理解地理因素如何影响省际贸易流动,并为进
一步的政策建议提供依据。最后,从社会网络、产业结构、要素禀赋、
开放程度、人口因素以及人均收入等基本方面对地理空间分割的影
响。本章旨在深入揭示中国国内贸易中地理空间分割的存在及其影
响因素。通过优化算法、实证检验和多维因素分析,本章不仅为理解
地理空间分割提供了新的方法和视角,还为政策制定者提供了科学
依据,以促进区域经济一体化,减少地理空间分割带来的经济障碍,
从而推动全国统一市场的建设和经济的高质量发展。

结语部分将对全书进行系统总结,并提出相应的政策建议。通
过本书的研究,我们深入了解了中国省际贸易的演变过程及其影响
因素,为制定优化国内贸易政策和推动区域经济协调发展提供了坚
实的理论依据和实证支持。

通过上述研究框架,本书试图全面、系统地揭示中国省际贸易的
动态变化及其背后的机制,旨在为实现国内市场一体化、促进区域经
济协调发展提供新的视角和方法。

五、主要结论

本书通过货物运输量估算法、引力模型加运输量分布系数法和
引力模型加单一点估算法,分别获得了 1992—2017 年中国省际货物
运输量数据、省际产品服务贸易数据、省际分部门贸易数据。基于这
些数据,从不同角度对中国省际贸易和国际贸易的演变趋势进行了

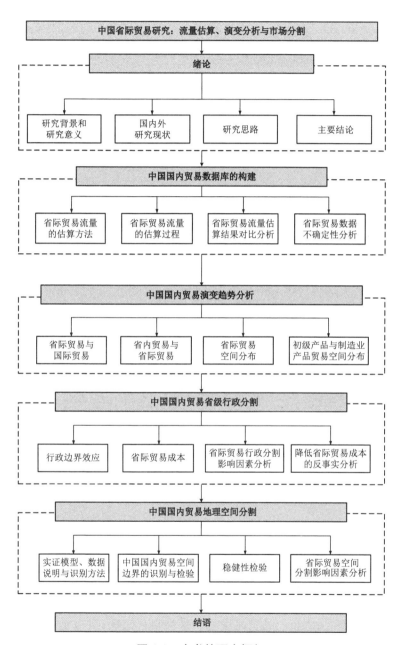

图1.1 本书的研究框架

深入分析。本书探讨了国内贸易中的省级行政分割问题,并进一步考察了省级行政边界以外的其他地理空间维度的贸易分割,揭示了中国各地区在不同时期内贸易联系的变化特征和驱动因素。本书的研究成果为理解中国省际贸易的动态变化提供了全面的视角,并提出了针对贸易壁垒的政策建议,旨在促进国内市场一体化和区域经济的协调发展。本书的主要结论如下:

(一)省际贸易演变趋势和特点

第一,国内贸易比例高于国际贸易。通过分析 1992—2017 年的数据,我们发现相比于国际贸易,各省份、各区域的国内贸易比例较高,尤其是初级产品的国内贸易比例高于制造业产品。同时,各省份和各地区的区域内部贸易比例也较高,制造业产品的区域内部贸易比例高于初级产品。这表明,尽管国际贸易对中国经济有重要影响,但国内贸易在区域经济发展中的地位依然显著。第二,贸易中心转移。货物贸易中心从东部地区向中西部地区转移,而产品服务贸易一直集中在东部地区。这种转移反映了中国经济结构的调整和区域发展战略的变化。国际贸易对沿海区域影响较大,而国内贸易对内陆省份的影响更加重要,显示出沿海与内陆地区在贸易结构上的差异。第三,"中心—外围"格局。我国的国内贸易和国际贸易形成了以沿海省份为贸易中心、内陆地区为外围的"中心—外围"贸易格局。国内贸易主要集中在北部、东部以及南部沿海地区。从净流出贸易来看,北部沿海地区是国内初级产品净流出中心,东部和南部沿海地区则是国内制造业产品贸易中心。这种格局表明,沿海地区在全国贸易网络中的核心地位进一步巩固,而内陆地区作为外围,其经济活动更多依赖于与中心区域的联系。

（二）省级行政分割呈现倒 U 形趋势

第一,行政边界效应。通过分析 1992—2017 年的省际贸易数据,发现行政边界效应呈现出先下降后上升的倒 U 形趋势。从 2002 年的 2.7 下降到 2007 年的 2.0,再上升到 2017 年的 2.5。这意味着省内贸易相较于省际贸易要多 6.42—8.85 倍,表明行政边界对贸易的阻碍作用在不同阶段有显著变化。第二,省际贸易成本。省际贸易成本系数从 1997 年的 2.1 下降到 2012 年的 1.7,再上升到 2017 年的 2.0,即省际贸易成本是省内贸易成本的 1.7—2.1 倍。这反映了在不同经济发展阶段,区域间贸易成本的变化情况。第三,区域差异。不同省份之间的行政边界效应和贸易成本存在显著差异。经济欠发达省份如青海、宁夏面临较高的省际贸易成本,而经济较发达省份如广东、江苏的省际贸易成本相对较低。第四,省级行政分割影响因素。研究表明,省际劳动力流动壁垒的下降、产业结构差异的存在以及财政收支状况的恶化,可能是增加省际贸易成本和提高市场分割的重要因素。第五,降低省际贸易壁垒的反事实估计。最近十年,省级行政分割有上升趋势,不利于国内市场整合。反事实分析显示,如果省际贸易成本降低 20％,将使得 2017 年省际贸易比例从 20％提高到 34％,省际贸易规模将上升 70％。

（三）国内贸易地理空间分割呈现南北分割

第一,南北贸易分割。1992—2017 年间,南、北地区之间的贸易比各自区域内部贸易要少 36.24%—45.12%。尽管如此,南北贸易分割程度有下降趋势,表明我国南北区域间的贸易整合程度有所提高。这一趋势显示出国家政策在促进区域一体化方面的成效。第二,行政边界效应的波动。1992—2017 年,省级行政边界效应在 8.67—12.18 之间浮动,呈现先下降后上升的趋势。各省对周围临近省份的贸易偏好呈上升趋势,同时地理距离对省际贸易的阻碍作用逐渐降低,说明地理障碍的影响在减弱。第三,等价关税。南北贸易分化边界的等价关税在 7.87%—46.62% 之间,高于我国国际贸易加权平均税率。国内贸易的南北分割格局可能长期存在,消除南北边界不一定能提高经济效率,需要考虑其他因素的影响。第四,省级南北分割。北部区域各省的跨边界贸易比例较高,而南部区域各省普遍更加偏好区域内贸易,与各省的产业结构、地理位置相关,进一步揭示了地理和经济因素对贸易分割的影响。第五,社会网络和产业结构。社会网络、地区间产业结构差异不仅促进了省际贸易交流,还降低了国内贸易的南北分割。社会网络和产业结构差异虽然在国内地理分布存在差异,然而这种地理上的差异并不是加剧南北分割的因素,反之可以促进区域间的贸易交流。我国目前的市场分割格局主要是由我国经济基本要素引起的,例如,地理位置、要素集聚等。换言之,基本因素的差异会导致我国内部贸易出现不均衡的现象,各地区出于地理距离和贸易成本的角度考虑贸易对象,在市场机制的作用之下形成了我国当前的国内贸易南北分割的格局。

第二章　中国国内贸易数据库的构建

　　自 2010 年跃升为世界第二大经济体以来,中国不仅保持了其全球贸易领导者的地位,而且在全球经济舞台上发挥着日益重要的作用。随着中国经济的持续发展,国家正面临一系列新的挑战和机遇。在这一背景下,中国政府正致力于推动经济发展方式的转型,旨在转向更加平衡和可持续的增长模式,实现以国内大循环为主体、国内国际双循环相互促进的新发展格局,发挥中国超大规模经济优势,最终实现经济高质量发展。一方面,中国正在努力扩大内需,减少对外部需求的依赖,这是过去经济增长模式的一个显著特征。通过增强国内市场的消费能力和投资活力,中国旨在构建一个更加稳健和有活力的经济体系。另一方面,解决区域经济发展不平衡的问题也成为中国政府的当务之急。通过优化资源配置、促进产业升级和区域协同,中国力图实现更加均衡的区域发展格局。在此过程中,对外贸易的研究一直是学术界和政策制定者关注的热点。然而,与国际贸易相比,国内贸易,尤其是省际或区域间贸易的深入研究相对较少。这种研究的不足限制了我们对中国经济内部联系和经济运行深层次问题的理解。深入分析中国省际贸易的演变趋势,不仅可以揭示各省份之间的经济联系,而且有助于识别和解决经济运行中存在的问题。然而,中国省际贸易的实证研究面临着数据获取的难题。由于缺乏类似于海关机构的专门统计部门,各省之间的贸易数据难以获得,这为省际贸易相关研究带来了不小的挑战。因此,在当前背景下,对省际贸易的研究不仅具有重要的学术价值,更具备了显著的现实意义,能够为国家政策制定和经济发展提供重要的理论支持和实践指导。通过系统研究省际贸易,可以更好地理解中国经济的内在运行机制,推动区域经济协调发展,增强国家经济的整体竞争力。

为了深入研究中国省际贸易联系,学者们克服困难,从不同角度采用多种方法获取我国区域间贸易数据。首先,一些学者通过官方数据报告获取省际贸易数据。例如,行伟波等(2009)利用"金税工程"数据库的增值税发票记录,获得了2003—2005年中国30省份的省际和省内贸易流量。然而,该数据库为非公开性质,数据使用受限。徐现祥等(2012)则利用《中国交通年鉴》报告的省际铁路货物运输量矩阵数据,分析了1985—2007年中国省际贸易联系,但该数据仅包含铁路运输量,无法全面反映所有货物运输交流,且无法考察省际服务贸易联系。此外,该数据的计量单位为重量而非价值量,限制了其应用范围。其次,一些学者尝试编制区域间投入产出表来获取区域间贸易流量数据。例如,刘强等(2002)、国家信息中心(2005)、许宪春等(2008)、石敏俊等(2012)、张亚雄(2012)等学者或机构分别编制了区域间投入产出表,从中获得了区域间细分产业部门的贸易流量矩阵。然而,区域间投入产出表存在诸多问题,例如区域划分过于宽泛,难以进行省级层面的研究;产业部门划分不够细致;各机构的编制方法和数据来源不一致,难以综合使用不同的区域间投入产出表,且无法获得样本期较长的产业部门数据。最后,一些学者利用

各种数学模型对中国省际贸易流量数据进行估算,例如陈秀山等
(2007)利用以多区域经济核算关系为基础的数学规划模型,估算出
中国中部六省份 1997 年和 2002 年三部门产品贸易交流数据,但由
于缺乏服务相关数据,无法考察省际服务贸易联系。许召元等
(2009)根据我国省际数据特征,运用引力模型和交叉熵模型相结合,
估算出 2002 年中国 30 省份 21 部门贸易流量,但该方法的估算过程
较为复杂,数据准确度受到质疑,且不能用于分析省际服务贸易交流
情况。于洋(2013)利用省际铁路货物运输量数据,通过引力模型估算
出 1993—2010 年产品和服务的贸易总流量,虽然该方法得到的省际
贸易矩阵样本期较长,但只能获得贸易总量数据,无法获得细分产品
部门的贸易流量数据。综上所述,尽管学者们采用多种方法努力获
取和分析中国省际贸易数据,但每种方法均存在一定的局限性,难以
全面、细致地反映省际贸易的复杂动态。这些研究在各自的范畴内
提供了宝贵的数据和分析框架,但由于数据的公开性、完整性和细致
程度各不相同,难以形成统一的标准和广泛适用的模型,这为全面理
解中国省际贸易的复杂性和动态变化带来了挑战。因此,未来的研
究需要在数据获取和方法上进一步突破和改进,以便更全面和准确
地描述省际贸易的全貌,为政策制定提供更可靠的依据。

一、省际贸易流量的估算方法

有关中国省际贸易流量数据的获取方法,许召元等(2009)系统
梳理了编制区域间投入产出表的各种方法,提供了对该领域的广泛
理解;陆铭等(2011)总结了四种获取省际贸易数据的替代方案,包括
各省投入产出表、区域间投入产出表、"金税工程"信息系统以及省区

间铁路货物运输量数据,这些方案为学术界提供了不同的数据获取路径;张红梅等(2018)进一步介绍了通过引力模型加单一点估算法获取省际贸易数据的详细过程,丰富了数据获取的技术手段。然而,现有文献对间接估算省际贸易数据的方法总结仍不够全面,缺乏系统性和细致性。本章在此基础上,更加全面深入地总结获取省际贸易数据的直接和间接方法,通过对这些方法进行比较分析,详细评估它们的优缺点,筛选出可以从公开数据源获得样本期较长、产业部门分类较为细致的中国省际贸易流量数据的方法。通过这种系统性的梳理和分析,本书不仅弥补了现有文献的不足,还为未来的研究提供了更为可靠和全面的数据获取策略,有助于提高研究的准确性和可操作性,为相关政策制定提供坚实的数据支持。

(一)直接估计法

直接估计法,又称调查法,是估算区域间甚至产业部门贸易交流数据精度最高的方法。该方法的实现需要进行大量的数据调查,不仅要详细了解各地区各类企业的投入结构,还要准确掌握产品的去向,最终获得各地区各部门产品的区域间贸易流量数据。具体来说,直接估计法需要对各个地区的生产和消费情况进行全面调查,收集企业在生产过程中使用的各种投入品的数据,以及产品销售和流通的详细信息。这些数据包括但不限于原材料、半成品和成品的供应链信息,企业的生产和销售记录,以及产品在不同地区之间的运输和销售情况。例如,Pierre et al.(2002)采用直接估计法对加拿大各地区商品和服务的流动情况进行调查,估计出加拿大区域间投入产出表。这项研究通过广泛的调查和数据收集,详细描述了加拿大各地区之间的商品和服务流动情况,提供了精确的区域间贸易数据。这种方法的优势在于其高精度和详细性,可以提供非常可靠的贸易流量估算结果。通过直接获取企业和产品在各地区间的流动数据,研究者能够构建一个详尽的贸易流量图景,精确反映区域间经济联系。这不仅有助于理解各地区之间的经济互动,还为制定更加精确的经济政策提供了坚实的数据基础。尽管直接估计法需要大量的人力、物力和时间成本,但其所得结果的可靠性和准确性,使其在区域经济研究中具有无可替代的重要性。

然而,直接估计法的实现面临着巨大的挑战。首先,对数据量的要求非常高,需要对各个地区、各个产业部门的大量数据进行收集和处理,这不仅包括原材料、半成品和成品的供应链信息,还需要详细的企业生产和销售记录,以及产品在不同地区之间的运输和销售情况。其次,进行如此大规模的数据调查,需要投入大量的人力、物力和财力成本。收集、整理和分析数据的过程既耗时又耗资,通常需要专业的调查团队和数据处理系统,这使得直接估计法的实施成本非常高昂。由于这些原因,直接估计法在实际操作中往往难以推广。鉴于此,许多经济学家根据少量基础数据,通过多种间接方法来推算区域间贸易数据。例如,使用投入产出表分析法、引力模型估算法等间接方法,并结合已知的经济数据和模型推算出区域间贸易流量。尽管这些间接方法在精度上可能不如直接估计法,但由于其实施成本较低、操作相对简便,得到了广泛应用。通过这些间接方法,研究者能够在数据有限的情况下,较为有效地估算区域间贸易流量,提供对区域经济联系的有益洞察。

(二)货物运输量估算法

省际铁路货物运输交流数据是目前唯一可以从官方统计年鉴中

获得的省际双边贸易数据来源,这些数据通过《中国交通年鉴》《中国
铁道年鉴》和《中国统计年鉴》连续公布,涵盖了从 1986 年至今铁路
行政区域间货物和煤炭的交流信息,提供了详尽的贸易流动数据,一
些学者利用这些数据近似代替双边贸易流量数据,以考察中国省际
贸易。例如,徐现祥等(2012)在利用铁路货运数据研究中国省际贸
易时发现,当铁路货物运输贸易的外需导向较大时,贸易活动主要集
中在周边区域;而当铁路货物运输以内需导向为主时,货物的流向则
表现为从内陆向沿海地区的转移,这一研究揭示了内需和外需对贸
易流向的显著影响。类似地,Nitsch et al.(2013)通过使用德国区域
间运输数据研究 1990 年两德统一之前的边界,即"柏林墙"对统一之
后德国的影响。研究结果表明,"柏林墙"对当今德国国内贸易依旧
具有阻碍作用,它使得德国贸易减少了 20.5%。这些研究利用铁路
运输数据,不仅揭示了区域间贸易的流动规律和障碍,还为理解区域
经济联系提供了宝贵的实证依据,展示了数据在分析区域贸易中的
重要应用。

尽管铁路运输数据在某些方面存在局限性,例如缺乏细分产业
部门的省际货运量、计量单位是重量而非价值量、不能用于分析省际
服务贸易等,但其作为唯一公开可得的双边贸易数据,具有样本期
长、数据连续的优点。从数据可得性的角度来看,铁路货物运输数据
是研究省际贸易的次优选择。首先,铁路货运数据的计量单位为重
量,这可以剔除不同时期价格变化的影响,较为真实地反映贸易发展
的实际状况。重量数据相比价值数据,更能直观地展示货物流动的
实际量级,减少了价格波动对贸易分析的干扰。其次,铁路运输数据
可以揭示区域间的物流网络和经济联系。铁路作为一种重要的交通
运输方式,能够较为全面地展示区域间货物流动的路径和规模。通

过分析这些数据,可以了解不同地区之间的经济联系强度和贸易模式,为制定区域经济发展政策提供依据。然而,使用铁路运输数据也存在一些挑战。由于数据缺乏对细分产业部门的区分,难以精确分析不同产业的贸易流动情况。再次,铁路运输数据主要反映的是大宗货物的运输情况,对于高附加值、小批量的货物贸易和服务贸易,铁路运输数据的适用性较低。最后,铁路运输数据只能反映货物的流量,而无法提供关于贸易交易价格的信息,这在某种程度上限制了其在经济价值分析中的应用。

尽管如此,铁路货物运输数据在省际贸易研究中的作用不可忽视。它不仅提供了长时间跨度的连续数据,还能较为真实地反映货物流动的实际状况,为研究区域间经济联系和贸易流动提供了宝贵的基础数据。因此,在当前数据可得性有限的情况下,铁路货物运输数据仍然是研究中国省际贸易的次优选择,具有重要的应用价值。

(三)投入产出表分析法

投入产出表分为单一区域(省级)投入产出表和区域间投入产出表,是研究我国各省各部门之间经济贸易联系、产业结构的重要资料。

1. 单一区域投入产出表

从单一区域投入产出表中,我们可以获得各省份、各部门的中间投入和最终使用数据。这些数据详细展示了每个地区的生产和消费活动,以及各部门在区域经济中的作用,对于理解各地区的经济结构和贸易流动具有重要意义。我国各省份自 1982 年开始,每隔五年编制一次省级投入产出表,这些数据系统地反映了各省份国内贸易的流入和流出情况,为分析各省份之间的经济联系提供了基础。例如,张少军等(2017)从最终需求的角度出发,构建了一个包括省际贸易的因素分解法,将经济增长分解为消费、投资、省际调出和出口四种因素。通过省级投入产出表,他们获得了详细的省际贸易数据,进而对 1987—2007 年中国经济增长进行了深入的因素分析。

然而,尽管省级投入产出表提供了丰富的数据,但是它们在反映省际贸易关系方面存在一定局限性。首先,这些表格中的流入和流出数据只能笼统地反映某省份与全国其他所有省份"一对多"贸易联系,而无法具体到两省之间的双边维度"一对一"贸易数据。这意味着我们无法直接了解某个特定省份与另一个特定省份之间的具体贸易量和贸易结构,限制了我们对具体贸易关系的深入分析。其次,各省的投入产出表编制口径存在差异,这进一步限制了数据的综合使用和比较。一些省份的投入产出表中包含国际贸易数据,使得国内贸易与国际贸易难以区分,这种情况下很难准确反映省际贸易的实际情况。一些省份的数据甚至仅包括净出口和国内净流出的总量数据,这进一步增加了分析的复杂性和不确定性。此外,由于各省份在编制投入产出表时所采用的分类标准和统计口径不同,数据之间的可比性和一致性受到影响,这种差异性使得跨省数据整合和比较变得更加困难。

总而言之,虽然省级投入产出表提供了有价值的宏观经济数据,但它们在分析具体的省际贸易关系时存在显著的局限性。通过这些表格,我们无法得到反映省际"一对一"贸易关系的具体数据,这对于深入研究省际贸易动态和区域经济联系来说是一个重要的限制。为了弥补这一不足,研究者需要结合其他数据来源和方法,如直接估计法、引力模型等,来获得更为详细和精确的省际贸易数据,从而更好地理解和分析区域间的经济互动和贸易流动。这些补充数据和方法可以提供更细致的贸易流动信息,使得研究者能够全面揭示省际经济关系的复杂性和多样性,为政策制定和区域经济发展提供更加可靠的依据。

2. 区域间投入产出表

区域间投入产出表记录了区域内和区域间分产业部门的中间投入和最终使用信息,可以提供非常详细的区域间"一对一"部门贸易数据。这些表格不仅展示了各地区之间的经济联系和贸易流动,还能够反映出不同地区在生产和消费过程中的投入和使用情况,从而为研究区域经济互动提供了重要的工具。通过这些数据,研究者可以深入了解各个地区的经济结构,揭示各地在全国经济体系中的角色和功能。区域间投入产出模型最早由 Isard(1951)提出,但由于该模型对数据要求极高,学者们相继提出了数据需求量较小、估算效率较高的替代模型,其中最具影响力的是 Chenery-Moses 模型(Chenery,1953;Moses,1955)。这些模型通过简化数据需求和提高估算效率,使得区域间投入产出分析更加实际和具可操作性,为区域经济研究提供了重要的方法论基础。

相比之下,我国对区域间投入产出模型的研究起步较晚,但近年来也取得了一些显著的进展。例如,市村真一等(2007)编制了 1987年区域间投入产出表,刘强等(2002)、国家信息中心(2005)、许宪春等(2008)分别编制了 1997 年区域间投入产出表,石敏俊等(2012)、张亚雄等(2012)、李善同(2010,2016)编制了 2002 年和 2007 年区域间投入产出表,刘卫东等(2015)编制了 2010 年区域间投入产出表。

这些研究为中国区域经济分析提供了宝贵的数据支持,不仅帮助理解区域间的经济联系和贸易流动,还为政策制定者提供了有力的参考依据。通过这些研究,学者们能够更好地把握区域经济发展中的动态变化,揭示不同区域之间的经济互动和贸易关系,这对于制定科学的经济政策、促进区域协调发展具有重要意义。

然而,中国的区域间投入产出表仍存在许多问题,影响了其在省级层面的应用。首先,区域划分过于宽泛,难以进行精细的省级层面研究。例如,国家信息中心(2005)根据地理位置和经济发展程度将中国各省仅分为 8 个区域,这种划分无法反映各省之间更细致的经济联系和差异。其次,产业部门划分不够细致,影响了对不同产业间经济活动的详细分析。例如,刘强等(2002)将产业部门设置为 10 个,市村真一等(2007)则设置了 9 个部门。这种粗略的产业划分无法满足对复杂经济活动的深入研究需求。再次,不同研究机构编制方法和原始数据来源不一致,难以将不同机构的数据进行综合使用。例如,国家信息中心(2005)出版的区域间投入产出表以省级投入产出数据为基础,结合调查和非调查数据编制而成;而石敏俊等(2012)的区域间投入产出数据是在 Chenery-Moses 模型框架下,假设任一部门产品对各个区域的供应比例相同,并结合引力模型而完成的。这种方法差异导致数据之间的可比性和一致性较差,难以进行跨研究的综合分析。最后,区域间投入产出表的样本期较短且数据不连续,无法对中国省际贸易进行长期研究。由于缺乏连续的数据支持,研究者难以系统地分析长期经济趋势和区域间贸易关系的动态变化。这种局限性不仅制约了对区域经济长期发展趋势的理解,也影响了对政策效果的评估和调整。

尽管存在这些问题,区域间投入产出表仍然是研究区域经济互动的重要工具。未来的研究应致力于改进数据的收集和处理方法，增加数据的细致程度和连续性，并推动不同研究机构之间的数据标准化合作，以提供更为可靠和详细的区域间经济分析基础。这将有助于更好地理解中国省际贸易的动态变化，为制定区域经济政策提供更科学的依据。通过改进这些方法和合作机制，我们可以期待更准确和全面的区域经济分析，进而为中国的经济发展和政策制定提供更有力的支持和指导。这不仅能提升学术研究的质量，还能为实际经济问题的解决提供更加精准和有针对性的建议。因此，加强对区域间投入产出表的研究和改进，将在推动中国区域经济协调发展、优化资源配置和提升整体经济效益方面发挥重要作用。未来，研究者们还应探索新的数据来源和分析方法，例如结合大数据技术，以提高数据的准确性和实用性，从而更全面地把握区域经济互动的复杂动态。通过这些努力，可以更好地支持中国经济的可持续发展和高质量增长，从而实现国家整体经济战略目标。

（四）引力模型估算法

Leontief et al.(1963)提出的引力模型(Gravity Model)自问世以来便被广泛应用于区域经济的研究，得益于其直观的理论基础和强大的解释力。该模型的基本思想起源于物理学中的万有引力定律，该定律指出，两个星体之间的引力受其质量和星体间距离的影响。同样地，引力模型在经济学中的应用中，假定两个经济体之间的贸易量受到它们的经济规模和地理距离的影响。在区域经济研究中，引力模型的核心思想是利用各区域的总供给和总需求数据来代表各省的"质量"，并用区域间重要城市的距离来代表区域间的"距离"。通过这一方式,研究者无需详细计算每个区域的贸易总流出量和总流入量,只需选择合适的贸易参数的估算方法,即可推断出区域间的贸易流量数据。引力模型假设,区域间的贸易规模与其经济规模成正比,与其距离成反比。也就是说,经济规模越大的两个区域之间的贸易量越大;反之,距离越远的两个区域之间的贸易量越小。具体来说,引力模型的公式如下:

$$t_i^{RS} = \frac{y_i^R d_i^S}{y_i} Q_i^{RS} \tag{2.1}$$

t_i^{RS} 为 i 部门产品或服务从 R 区域到 S 区域的流出量,y_i^R 为 R 区域 i 部门产品或服务的总产出量,d_i^S 为 S 区域对 i 部门产品或服务的总需求,y_i 为所有区域 i 部门产品或服务的总产出,Q_i^{RS} 为 i 部门产品或服务在 R 区域和 S 区域之间的摩擦系数,也叫贸易参数。通过上述变量的组合,研究者能够构建出一个详细的公式来估算区域间的贸易流量。引力模型在区域经济研究中的广泛应用,得益于其直观的理论基础和强大的解释力。通过这一模型,研究者能够深入理解不同区域之间的经济联系,揭示影响区域间贸易的关键因素,并为区域经济政策的制定提供科学依据。由于其在解释区域间贸易流动方面的有效性,引力模型已经成为区域经济学研究中的一个重要工具。研究者不仅可以利用该模型分析当前的贸易格局,还可以通过模拟未来的政策变化,预测区域经济发展的趋势和潜在影响。

值得说明的是,模型中的摩擦系数,也叫贸易参数,是影响贸易流动的重要因素之一。该参数通常通过统计和计量经济学方法进行估算,通过对贸易参数的调整,研究者可以模拟不同情景下区域间贸易流量的变化,从而为政策制定者提供有力的决策依据。引力模型框架之下不同估算方法的区别就在于摩擦系数估算方法的差异。

1. 运输量分布系数法

摩擦系数的估算是利用引力模型计算区域间贸易流量的关键步骤之一,而这其中,井原(Ihara,1996)提出的运输量分布系数法则为该计算提供了一种有效的方法。运输量分布系数法假设,区域间货物运输量的分配比例与这些货物中重要产品的运输比例相似,从而通过这一假设,能够计算出区域间产品流动的摩擦系数。这种方法的核心在于,通过分析不同区域之间的货物运输量,尤其是重要产品的运输量比例,推导出一个可以反映区域间贸易阻力的摩擦系数。该摩擦系数不仅能够体现各区域之间的经济联系强度,还可以用于预测在不同经济政策下,各区域间贸易流量的变化趋势。具体的计算公式为:

$$Q_i^{RS} = \frac{H_i^{RS}}{\dfrac{H_i^{RO} H_i^{OS}}{H_i^{OO}}} \tag{2.2}$$

Q_i^{RS} 为摩擦系数,H_i^{RS} 为 i 部门产品或服务从 R 区域到 S 区域的运输量,H_i^{RO} 为 R 区域向所有区域发送 i 部门产品或服务的总重,H_i^{OS} 为 S 区域收到来自所有区域的 i 部门产品或服务的总到达量,H_i^{OO} 为所有区域 i 部门产品或服务的总发送量。然而,根据目前的数据条件,我国尚未披露各个产业部门的省际货运量数据,因此通过运输量分布系数法只能估算出贸易总量数据,无法细化到具体的部门层面。同时,该方法对运输数据的依赖程度较高,导致在估算贸易价值量时精度较低。尽管如此,运输数据的样本期较长,涵盖了多个年份,使得研究者可以对摩擦系数逐年更新,反映出各省间贸易流动的动态变化。该方法在估算过程中还考虑了各省经济发展状况,相比于单纯依赖货物运输数据,更能反映真实的贸易联系。于洋(2013)首次利用该数据分析国内贸易,证明其在实践中的可行性和有效性。这些运输数据是目前唯一可以公开获取的、样本期较长且以价值量为计价单位的省际"一对一"双边数据,因而在缺乏其他更详细数据的情况下,运输量分布系数法不失为一种次优选择。通过这一方法,研究者能够在一定程度上克服数据限制,获取较为准确的区域间贸易流量估算结果,为经济研究和政策制定提供重要参考。

2. 单一点估算法

Leontief et al.(1963)提出的"单一点估算法"是目前编制区域间投入产出表时应用最广泛的方法之一。这种方法的主要思想是利用基年的区域间投入产出表来计算基年各省份各部门之间的贸易摩擦系数。通过这种方式,可以对各个省份和部门的贸易摩擦系数进行精确的计算和量化。假定这些摩擦系数从基年到计划年保持不变,我们便可以利用这些系数来估算计划年各部门的省际贸易数据。具体来说,这一方法的优势在于,它简化了复杂的贸易流动分析,通过基年的详细数据来推断未来的贸易流量,提供了一种实用且高效的工具来进行区域间贸易流量的预测和分析。通过这种方法,研究者和政策制定者可以获得关于未来各省份各部门贸易流量的可靠估计,从而为区域经济政策的制定和调整提供坚实的基础。单一点估算法因其应用的广泛性和有效性,已成为区域经济研究和实际操作中的重要方法。摩擦系数计算公式如下:

$$Q_i^{RS} = (c_i^R + k_i^S) D_i^{*RS} \delta_i^{RS} \tag{2.3}$$

D_i^{*RS} 为 R 区域和 S 区域之间运输成本的倒数,δ_i^{RS} 是反映区域 R 和区域 S 间贸易活动的参数,当 $R \neq S$ 时,δ_i^{RS} 取 1 或 0,取 1 表明两区域之间存在贸易往来,取 0 则表示没有贸易往来;如果从 R 区域到 S 区域有产品或服务流动,而从 S 区域到 R 区域没有贸易活动,则 $\delta_i^{RS} = 1$ 且 $\delta_i^{SR} = 0$;如果 $R = S$,那么 $\delta_i^{SS} = 0$。c_i^R 和 k_i^S 分别反映了区域 R 作为部门 i 产品或服务的提供者与其他区域的相对地位,以及地区 S 作为部门 i 产品或服务的使用者与其他地区的相对地位。如果能够获得各区域各产品基年投入产出数据,通过计算每种产品的贸易系数,可以获得各产品完整的基年贸易系数矩阵。这意味着,研究者能够详细了解每个产品在基年各区域之间的贸易流动情况,进而形成一个全面的贸易系数矩阵,涵盖所有产品和区域的贸易联系。如果仅能获得基年内各区域几种产品的投入产出数据,那么可以首先计算这几种产品的区域间贸易摩擦系数,然后将这些摩擦系数代替其他产品的贸易系数,以此来推导出基年各部门完整的区域间贸易摩擦系数。这样一来,即便数据有限,研究者仍能通过已有数据对其他产品进行合理的推断和估算。最后,假定区域间贸易摩擦系数从基年到计划年保持不变,结合计划年各区域各部门的产出和需求数据,就可以估算出计划年区域间的贸易数据。这种方法称为"单一点估算法"。这种方法通过假设摩擦系数的稳定性,利用基年的详细数据来推断计划年的贸易流量,不仅简化了复杂的计算过程,还提供了一种有效的工具来进行区域间贸易流量的预测和分析,从而为区域经济政策的制定和调整提供重要的参考依据。

Leontief et al.(1963)提出的单一点估算法是目前编制区域间投入产出表时应用最广泛和最有效的方法之一。该方法的基本原理是利用基年的区域间投入产出表来计算基年各省份各部门之间的贸易摩擦系数。通过这种方式,研究者可以详细了解在基年内各省份各部门的贸易流动和经济联系。假定这些摩擦系数从基年到计划年保持不变,便可以利用这些基年的摩擦系数来估算计划年各部门的省际贸易数据。这种假设虽然简化了计算过程,但由于该方法假设摩擦系数在基年至计划年之间不发生变化,因此估算结果可能与实际情况存在一定的出入。然而,单一点估算法的摩擦系数是根据区域间投入产出表计算而来,并非单纯地依赖运输数据,这使得其估算结果相较于运输量分布系数法、交叉熵法、区位商法以及数据规划法等方法更加可靠。通过单一点估算法,研究者可以在数据有限的情况下,利用较少的数据获得样本期较长、产业部门分类较为细致的区域间贸易数据。这种方法不仅在实际操作中具有较高的实用性和可靠性,还为区域经济政策的制定和调整提供了坚实的数据支持和科学依据。

3. 交叉熵法

许召元等(2009)根据我国省际数据特征,运用引力模型和交叉熵模型相结合,估算出 2002 年中国 30 省 21 部门贸易流量数据。具体模型如下:

$$t_i^{RS} = e^\alpha (y_i^R)^{\beta_1} (d_i^S)^{\beta_2} \frac{(G^R)^{\beta_3}(G^S)^{\beta_4}}{(D^{RS})^{\beta_5}} \tag{2.4}$$

y_i^R 为 i 部门产品或服务在 R 区域的总产出量,d_i^S 为 S 区域对 i 部门产品或服务的总需求量,G^R 和 G^S 分别代表 R 区域和 S 区域 GDP 占全国 GDP 的比例,D^{RS} 代表区域 R 和区域 S 之间的距离。首先,作者通过 2002 年省际铁路货物运输交流数据,推算出 8 种产品的省际交流重量,通过计量回归模型估计出 8 种产品的参数,即 α、

β_1、β_2、β_3、β_4 和 β_5 的估计值。其次,将代表性商品与投入产出表部门进行匹配,最终将 8 种产品与投入产出表 21 个部门进行对应,从投入产出表中获得 21 个部门的总供给和总需求数据,通过引力模型计算出 30 个省 21 个部门初步贸易流量矩阵数据。最后,构建最小叉熵模型,利用最小叉熵法对贸易流量矩阵进行调整,平衡各省的调入和调出值,最终使总省际调出等于总省际调入这一条件。

引力模型和最小叉熵法虽然在获得本章所需的细分产业部门省际贸易数据方面具有一定的优势,但仍然存在一些不足之处。首先,关于 8 种代表性商品的省际实际运输量,我们无法从公开的数据来源中直接获得这些信息。统计年鉴仅提供了省际货物交流数据、省际煤炭交流数据以及全国分类别货物运输重量数据,而这些数据只能用来按比例估算 8 种商品的省际交流情况,无法反映实际的省际货运量。这种基于估算的引力模型系数自然存在不准确的风险。其次,在估算过程中,研究者多次利用交叉熵法对贸易数据进行调整,这使得估算过程变得相当复杂,且最终的估算结果可能与实际情况有所偏离。最后,虽然通过省际货物运输交流数据可以推算出省际产品贸易的情况,但这些数据并不能用于估计省际服务贸易的交流情况,因而在服务贸易方面存在较大的局限性。整体而言,尽管引力模型和最小叉熵法在某些方面提供了有价值的估算,但由于数据来源的限制和估算方法的复杂性,研究结果与实际情况之间仍可能存在一定差距。

(五)区位商法

区位商法(Location Quotient)是估算区域间投入产出表和研究

区域经济的重要模型,例如,简单区位商法、供给需求法等等。区位商法公式如下:

$$LQ_i^R = \frac{y_i^R/y^R}{y_i^N/y^N} \qquad (2.5)$$

y_i^R 为 i 部门产品或服务在 R 区域的产出量,y^R 为区域 R 的总产出量,y_i^N 为 i 部门产品全国总产出量,y^N 为全国总产出量。LQ_i^R 反映了 i 部门产出在 R 区域产出所占比重与全国 i 产品产出比重的关系,$LQ_i^R>1$ 说明部门 i 产出在区域 R 的比重高于全国平均水平,$LQ_i^R<1$ 表示部门 i 在区域 R 的产出比重低于全国平均水平。全国投入产出表的技术结构代表全国平均水平,因此利用区位商提供的信息可以将全国直接消耗系数矩阵区域化。当 $LQ_i^R>1$ 时,假定该区域 i 部门投入系数等于全国投入系数;当 $LQ_i^R<1$ 时,则利用投入系数进行调整:

$$a_{ij}^R = \begin{cases} LQ_i^R a_{ij}^N, & LQ_i^R<1 \\ a_{ij}^N, & LQ_i^R>1 \end{cases} \qquad (2.6)$$

在完成全国投入系数区域化之后,需要顾及地区间投入系数。以两地区模型为例,假定全国分为 R 和 S 两个区域,$\tilde{t}_i^R$ 和 $\tilde{t}_i^S$ 分别表示两区域各自的自给系数,通过全国投入系数对地区内部的投入系数进行估算:$a_{ij}^{RR} = \tilde{t}_i^R a_{ij}^N$,$a_{ij}^{SS} = \tilde{t}_i^S a_{ij}^N$。如果各区域的自给系数为区位商,当 $LQ_i^R<1$ 时,$\tilde{t}_i^K = LQ_i^R$;$LQ_i^R \geq 1$ 时,$\tilde{t}_i^K = 1$,K=R, S。在两区域模型中,如果区域 R 的生产不能满足区域内的投入需求,则需要从区域 S 调入,将区域 S 流入区域 R 的产品进行分离得到 $a_{ij}^{SR} = (1-\tilde{t}_i^R)a_{ij}^N$,$a_{ij}^{RS} = (1-\tilde{t}_i^S)a_{ij}^N$,最终得到完整的两区域投入产出系数矩阵。综合应用区位商法和 RAS 平衡法可以将区位商法用于多

区域投入产出表和多区域贸易流量的估计。虽然区位商方法对数据
要求较小,但是其估计的准确度一直受到质疑(许召元等,2009)。

(六) 数学规划模型估算法

陈秀山等(2007)通过以区域经济核算框架为基础的数据规划模
型估算出我国中部六省三部门产品省际贸易流量。规划模型为:

$$Min \qquad S = \sum\nolimits_{i=1}^{n} \sum\nolimits_{S=1}^{m} \sum\nolimits_{R=1}^{m} \frac{t_i^{SR}}{wd_i^{SR}} \ln\left(\frac{t_i^{SR}}{\bar{t}_i^{SR}}\right) \qquad (2.7)$$

$$Subject\ to \qquad \sum\nolimits_{i=1}^{n} z_{ij}^{*R} + v_i^R = y_i^R$$

$$\sum\nolimits_{j=1}^{n} z_{ij}^{*R} + x_i^R = \sum\nolimits_{S=1}^{m} t_i^{SR} + m_i^R$$

$$\sum\nolimits_{S=1}^{m} t_i^{RS} + e_i^R = y_i^R$$

该模型在线性约束条件下解决非线性规划问题,目标函数 S 中
权重 wd_i^{SR} 的选择对于整个模型的求解有重要影响。y_i^R、x_i^R、v_i^R、
e_i^R 和 m_i^R 分别表示 i 部门产品或服务在 R 区域的总产出、最终需求、
增加值、出口和进口,t_i^{RS} 表示 i 部门产品或服务从区域 R 到区域 S
的贸易量,z_{ij}^{*R} 表示区域 R 内部从 i 部门到 j 部门中间产品投入量。
三条约束条件的经济含义为:(1)R 区域 i 部门中间产品和要素投入
总和等于总产出;(2)所有区域的产品流入必须满足各个区域的中间
需求以及最终需求;(3)各个区域 i 部门产品流向全国各区域以及出
口之和等于各个区域 i 部门总产出。陈秀山等(2007)利用省级投入
产出表和区域间铁路运输量矩阵估算出 1997 年和 2002 年中部六省
份省际贸易流量。然而,利用数学规划模型对省际贸易流量进行估
算存在很多问题,例如,一些省份的投入产出表获取难度较大,这些

省份的数据只能通过估算获得。同时,受制于交通运输交流数据,省际贸易部门分类较为粗糙。

(七)增值税法

"金税工程",又称中国税收管理信息系统,是一项覆盖所有税种,包括国地税务机关征收管理的全面信息化工程。自1994年开始实施以来,这一系统已逐步发展为一个覆盖全国、功能完善的税收数据采集和管理平台,涵盖了我国各省份每月入库的增值税专用发票数据。这些发票记录不仅详细反映了各省份之间的贸易量,还提供了丰富的经济数据资源,为经济研究提供了宝贵的基础信息。具体而言,增值税是一种对商品或劳务的增值额征收的税种。当买方向卖方支付一笔包含税额的金额时,会索取增值税专用发票以抵扣税款。这张专用发票不仅披露了本次交易的金额和增值税额,还记录了买卖双方的公司名称、公司所在地、交易日期以及具体商品或服务的描述等详细信息。这些信息对于研究区域间的贸易流量具有重要意义,因为它们提供了关于交易双方的地理位置和经济活动的细致数据。通过"金税工程"采集的数据,研究者可以获取到详细的省内贸易数据和省际"一对一"贸易数据。例如,行伟波等(2009)利用"金税工程"中2003—2005年全国30个省份的入库增值税发票数据,成功地研究了省际贸易流量。这些数据为分析中国各省份之间的贸易联系提供了高精度的基础,有助于揭示区域间经济互动的真实情况。

然而,"金税工程"信息系统的使用也存在一些限制。首先,这一系统为非公开数据库,其数据使用受到严格的限制,研究者需要通过特定的渠道和权限才能访问这些数据。其次,纳税方所在地与实际经营地可能存在差异,这种情况下,发票记录的贸易数据可能不能完全准确地反映真实的贸易流动。此外,由于一些企业可能存在偷税漏税等问题,某些交易未能被完全记录或准确反映,从而影响省际贸易估算结果的准确性。此外,增值税发票数据虽然能够提供详尽的商品和服务交易信息,但对于一些隐形交易或非正式经济活动,其反映的准确性可能有限。尽管存在这些挑战,"金税工程"提供的数据仍然是研究中国省际贸易的重要资源。通过综合运用这些数据,研究者可以更好地理解中国各省份之间的经济联系和贸易模式,从而为制定更加科学的经济政策提供依据。未来,随着数据获取和分析技术的不断进步,如何有效利用"金税工程"数据,突破其现有的局限,将成为进一步研究的重要方向。这不仅有助于更全面地掌握国内经济运行状况,还能为提升税收管理效率和优化经济政策提供坚实的数据支持。通过不断完善和利用这一系统,研究者和政策制定者可以更好地推动区域经济协调发展,实现更高质量的经济增长。

总结而言,根据上述分析不难发现,获取省际贸易数据的各种间接方法都有各自的优缺点(见表2.1)。

第一,样本期。货物运输量估算法、运输量分布系数法及增值税法,这三种方法能够提供样本期最长的面板数据,使研究者能够进行长期动态分析,捕捉到更为全面的趋势和变化。这种长时间跨度的数据对了解贸易流动的历史变迁和未来趋势具有重要意义。单一点估算法虽然无法提供面板数据,但仍可以获得较长时间跨度的截面数据,为横截面分析提供了丰富的支持。相较之下,投入产出表分析法、引力模型加交叉熵法及数学规划模型估算法仅能提供有限年份的数据,这种局限性在一定程度上限制了对长期趋势的深入分析,无法全面捕捉经济动态变化。

第二,数据获取难易程度。货物运输量估算法所需数据可以直接从官方年鉴中获取,数据获取难度最低,操作起来方便快捷,是研究者们普遍使用的一种方法。区域间投入产出表尽管可以从相关机构申请获得,但需要经过一定的程序和权限,增加了获取难度和时间成本。运输量分布系数法估算过程相对简单,数据获取较为便捷,但同样需要一定的计算和处理,要求研究者具备一定的数据处理能力。省级投入产出表的收集难度较大,需要从多个来源获取和整合数据,耗时费力,增加了研究的复杂性。单一点估算法、交叉熵法、区位商法及数据规划模型估算法的估算过程较为复杂,数据收集和处理要求较高,增加了操作难度和研究成本。"金税工程"数据虽然数据准确度高,但由于其为非公开数据库,使用受到严格限制,数据获取最为困难,研究者需要通过特定的渠道和权限才能访问这些数据。

第三,数据准确性。增值税法的数据准确度最高,因为其基于实际交易的发票记录,能够真实反映贸易流动,提供了非常可靠的基础数据。投入产出表分析法、引力模型估算法及数学规划模型估算法可以提供较为准确的数据,但这些方法依赖于模型假设和基础数据的质量,准确性可能受到一定影响,特别是在基础数据质量不高或模型假设不完全符合实际情况时。区位商法获得的数据准确度较低,主要由于其简单的推断方法,难以全面反映实际情况,存在较大的不确定性。货物运输量估算法只能获取货物的重量数据,难以反映贸易的真实经济价值,数据准确度相对较低,限制了对经济价值的分析和评价。

第四,产品部门分类。投入产出表分析法及增值税法可以提供详细的部门分类数据,这对于进行深入的产业分析非常有帮助,能够揭示不同产业之间的具体贸易联系和互动关系。单一点估算法、交叉熵法、区位商法及数学规划模型估算法的产品部门分类细致程度受到原始数据的限制,分类不够详细,影响了对具体产业间贸易联系的分析和研究深度。货物运输量估算法及运输量分布系数法无法提供详细的部门分类数据,限制了对具体产业的分析和研究深度,难以揭示复杂的产业链关系和区域经济结构。

第五,区域划分。货物运输量估算法、区域间投入产出表、引力模型估算法、区位商法、数学规划模型估算法及增值税法可以获得省际双边维度的贸易矩阵,这有助于详细分析省际贸易关系,揭示不同区域间的经济联系和贸易流动模式。省级投入产出表无法提供省际双边贸易数据,只能反映省与全国其他省份的“一对多”贸易关系,限制了对具体省际贸易联系的分析和理解,无法全面揭示区域间的经济互动和贸易流动。

综上所述,选择适合的分析方法需要考虑样本期长度、数据获取难易程度、数据准确性、产品部门分类以及区域划分等多个因素,以便全面、细致地分析中国省际贸易的动态变化和复杂联系。通过综合运用这些方法,可以更好地理解中国各省之间的贸易联系,揭示区域经济发展的规律和特点,为制定科学的经济政策提供坚实的数据支持和理论依据。总结现有的方法后发现,可以通过公开数据来源获得样本期较长的省际贸易交流数据的方法主要有三种,即货物运输量估算法、引力模型加运输量分布系数法、引力模型加单一点估算法,因此本章将通过以上三种方法分别对 1992—2017 年省际贸易流量进行估计。

表 2.1 省际贸易数据估算方法比较

方　法		优　点	缺　点
直接估计法（调查法）		数据准确度较高。	数据调查成本较高。
货物运输量估算法		1. 数据样本期较长； 2. 数据可以公开获得； 3. 可以获得省际双边维度数据。	1. 只包含产品贸易数据，无法考察服务贸易； 2. 无法获得细分产业部门的数据； 3. 数据计量单位为重量，非名义价值量。
投入产出表分析法	省级投入产出表	1. 较为系统地反映各省各产业省际贸易流量； 2. 数据准确度较高； 3. 部门分类较为细致。	1. 难以直接获得各省所有年份的投入产出表； 2. 只能获得"一对多"省际贸易数据，不能获得省际双边维度数据； 3. 各省投入产出表质量参差不齐。
	区域间投入产出表	1. 可以获得省际双边维度数据； 2. 数据细分产业部门。	1. 部门分类不够细致； 2. 样本期短； 3. 区域划分较为宽泛； 4. 不同区域投入产出表编制方法和数据来源不统一，难以综合使用。
引力模型估算法	运输量分布系数法	1. 数据可以公开获得； 2. 估算准确度较高； 3. 可以获得省际双边维度数据。	无法获得细分产业部门的数据。
	单一点估算法	1. 数据可以公开获得； 2. 估算准确度较高； 3. 可以获得省际双边维度数据； 4. 部门分类较为细致。	1. 估算难度较大； 2. 摩擦系数估算难度较大，不能直接计算； 3. 产业部门分类细致程度受限于原始数据。
	交叉熵法	1. 可以获得省际双边维度数据； 2. 数据细分产业部门。	1. 对数据要求高，需要代表性商品的省际贸易流量数据； 2. 不能获得省际服务贸易交流数据； 3. 估算过程较为复杂； 4. 样本期短。

（续表）

方　　法	优　　点	缺　　点
区位商法	1. 对原始数据要求较低； 2. 可以获得省际双边维度数据； 3. 数据细分产业部门； 4. 方法较为简单。	数据准确度较低。
数学规划模型估算法	1. 估算准确度较高； 2. 可以获得省际双边维度数据； 3. 数据细分产业部门。	1. 对数据要求较高； 2. 部门分类不够细致； 3. 只包含产品贸易，无法考察服务贸易； 4. 样本期短。
增值税法	1. 数据来源较为直接； 2. 数据准确度较高； 3. 数据涉及详细的部门和地区。	1. 数据不能公开获得； 2. 存在纳税地和贸易地不同、偷税漏税问题，造成数据失真。

二、省际贸易流量的估算过程

本章将从公开数据源获取数据，通过货物运输量估算法、引力模型加运输量分布系数法和引力模型加单一点估算法，分别从运输重量角度、产品服务贸易总额角度以及产业部门角度三个方面估算1992—2017年中国省际贸易数据，本节对本章选取的估算方法、区域选择、产品分类以及数据来源进行详细的说明。

（一）中国省际贸易流量数据估算方法说明及数据来源

1. 货物运输量估算法

（1）估算方法

目前，可以公开获得的省际双边维度贸易数据只有省际铁路货物运输量数据。这些数据虽然非常宝贵,但并不能全面反映省际间货物运输的全貌。除铁路之外,省际货物运输还包括公路、水运、航空以及管道等多种方式。铁路货运量在全国货运总量中所占的比例仅为 9% 至 21% 之间,这意味着单靠铁路货运数据无法全面准确地反映整个省际货物运输的实际情况。为了更加全面地反映省际货物运输量,我们采用于洋(2013)提出的处理办法,将省际铁路运输量数据放大为省际货物运输量。具体而言,除了省际铁路货运量数据,我们还可以获得历年各省铁路、公路以及水路的运输量。通过将这三种运输方式的运输总量与铁路运输量的比值视作放大系数,对铁路数据进行相应的放大处理,从而估算出 1993 年至 2017 年铁路、公路、水运合计的省际货物运输量矩阵。这样的方法可以弥补单一铁路数据的局限性,使得最终得到的省际货物运输量矩阵估算值更为全面和准确,为研究省际贸易流动和区域经济联系提供更丰富和可靠的数据支持。

(2) 数据处理和数据来源

省际铁路运输量矩阵:《中国交通年鉴》《中国铁道年鉴》和《中国统计年鉴》公布的 1993—2017 年国家铁路行政区域间货物交流数据。

省级铁路、公路和水路运输量:《中国统计年鉴》公布的 1993—2017 年各省份铁路货物运输量以及铁路、公路、水运三种运输方式合计的货物运输量。

2. 引力模型加运输量分布系数法

(1) 估算方法

目前,我国统计年鉴只公布了区域间货物运输重量矩阵,不能获得细分产业部门的省际运输量数据，因此无法估算出各部门产品区域间摩擦系数，只能通过省际货物交流数据估算出省际产品和服务贸易总额的摩擦系数。于洋（2013）利用省际铁路货物运输量数据，通过引力模型估算出 1993—2010 年省际产品和服务的贸易流量。

目前，我国的统计年鉴只公布了区域间货物运输重量矩阵，这些数据虽然能够提供一定的参考价值，但仍存在诸多局限性，最为显著的问题在于无法获得细分产业部门的省际运输量数据，这意味着我们无法准确地估算出各部门产品在区域间的摩擦系数。摩擦系数是进行贸易流动分析的重要参数，它能够帮助研究者了解不同产品和服务在区域间的流动情况。然而，由于缺乏详细的产业部门数据，我们只能通过省际货物交流的总体数据来估算省际产品和服务贸易总额的摩擦系数。这种方法虽然在一定程度上弥补了数据缺失的问题，但其准确性和精细度显然不如直接获取的细分数据。于洋（2013）在这一背景下，利用现有的省际铁路货物运输量数据，通过引力模型对 1993 年至 2010 年间省际产品和服务的贸易流量进行了估算。具体公式如下所示：

$$t^{RS} = \frac{y^R d^S}{\sum y^R} Q^{RS} \tag{2.8}$$

t^{RS} 为产品服务从 R 省流入到 S 省的贸易量，y^R 为 R 省产品和服务的总产出量，d^S 为 S 省对产品和服务的总需求量，$\sum y^R$ 为全部省份的总产出量，Q^{RS} 为产品服务在 R 省和 S 省之间的摩擦系数。运输量分布系数法将摩擦系数定义如下：

$$Q^{RS} = \frac{H^{RS}}{\dfrac{H^{RO} H^{OS}}{H^{OO}}} \tag{2.9}$$

H^{RS}为货物从 R 省发送到 S 省的重量,H^{RO}为 R 省货物总发送量,H^{OS}为 S 省货物总到达量,H^{OO}为所有省份货物总发送量(等于总到达量)。这种方法的应用,不仅为研究省际贸易流动提供了新的思路,也在一定程度上克服了数据缺乏带来的挑战。尽管如此,我们仍需认识到,通过省际货物交流数据来估算贸易总额的摩擦系数,无法完全替代细分产业部门的数据。因此,未来的研究应致力于完善数据收集,尤其是细分产业部门的省际运输量数据的收集和公开,以便进行更为精确和详细的贸易流动分析。

(2)数据处理和数据来源

对于各省总产出和总需求,不同的学者有不同的定义。许召元等(2009)认为总需求＝中间使用＋最终使用－省外调进;于洋(2013)将模型中所讨论的总产出和总需求定义为发生在本国的供给和需求,因此总供给＝GDP－净出口,总需求＝GDP－净出口－(省内调出－省外调进)＝GDP－净流出;其他学者(孙久文等,2010;石敏俊等,2007)利用投入产出表总产出和总需求对省际贸易流量进行估计,总需求＝总产出－净出口。考虑到数据的可得性,利用运输量分布系数法估算贸易流量时用各省 GDP 数据代表其产出能力。同时,为了对比分析各省份国内贸易和国际贸易的关系,本章采用于洋(2013)的办法将各省需求定义为发生在本国的需求,因此总需求＝GDP－净流出。除此之外,本文利用刘卫东等(2012)和于洋(2013)的处理办法调整各省份进出口数据,用于分析国内贸易与国际贸易的关系。

省级 GDP 数据:《中国统计年鉴》公布的 1993—2017 年地区支出法生产总值数据。

省级净流出数据:《中国统计年鉴》公布的 1993—2017 年货物和

服务净流出数据。

省级进出口数据：从《中国统计年鉴》中获得以目的地货源地划分的进出口数据，并加以调整。目的地货源地进出口数据有两个不足：一是，出口额以产品离岸价计算，进口额以产品到岸价计算，省际净流出数据中的进出口数据均按照离岸价计算，各数据计算口径不统一；二是，目的地货源地进出口数据不包含服务贸易（于洋，2013）。我们依据刘卫东等（2012）和于洋（2013）的处理办法对现有数据进行调整，把进出口数据转换为按照离岸价格计算的数据，同时将服务贸易纳入统计范围。某省份进口额＝某省份目的地进口额×（收支表全国货物和服务进口额/目的地全国进口额）；某省份出口额＝某省份货源地出口额×（收支表全国货物和服务出口额/货源地全国出口额）。目的地货源地进出口数据以美元计价，通过当年汇率将数据折算为人民币，美元汇率取自《中国统计年鉴》。

3. 引力模型加单一点估算法

（1）估算方法

引力模型加单一点估算法已经在第二部分详细介绍，具体公式为：

$$t_i^{RS} = \frac{y_i^R d_i^S}{y_i} Q_i^{RS} \tag{2.10}$$

t_i^{RS} 为 i 部门产品或服务从 R 区域到 S 区域的流出量，y_i^R 为 R 区域 i 部门产品或服务的总产出量，d_i^S 为 S 区域对 i 部门产品或服务的总需求，y_i 为所有区域的总产出，Q_i^{RS} 为 i 部门产品或服务在 R 区域和 S 区域之间的摩擦系数。

具体步骤如下:首先,选取可以获得省际贸易流量数据的年份作为基年。在本章的研究中,基年选定为 2007 年,而待估数据的年份则为 1992 年、1997 年、2002 年、2012 年和 2017 年。基年的选择是基于数据的可得性和准确性,以确保模型估算的可靠性和科学性。其次,根据基年的省际贸易流量数据,以及各省份各部门的总产出和总需求数据,通过前述公式反推基年的省际贸易摩擦系数。这一步骤的关键在于准确计算出摩擦系数,它反映了不同地区之间贸易的难易程度。最后,假定从基年到计划年的摩擦系数保持不变,根据计划年各省份各部门的总产出和总需求数据,利用引力模型可以估算出计划年的省际贸易流量数据。这一假设的合理性在于,尽管经济环境和政策可能发生变化,但在短期内摩擦系数相对稳定,可以作为估算的基础。除此之外,为了更全面地研究各省份各部门产品或服务在省内贸易、省际贸易与国际贸易之间的联系,本章还将海关 HS 编码分类与投入产出部门分类进行对照和匹配,进而推算各省份各部门进出口数据。最终构建了 1992—2017 年 6 个截面的分省份分部门国际贸易与省际贸易数据库。

(2) 数据处理和数据来源

各省份各部门总产出和总需求数据的获取是使用引力模型加单一点估算法的关键步骤之一。为了估算出计划年的流量矩阵,研究者需要依赖于历年各省份各部门的总产出和总需求数据以及基年的省际贸易流量数据作为基础支撑。在本章的研究中,各省份各部门总需求被定义为发生在本国的需求,具体公式为 R 省 i 部门总需求 ＝R 省 i 部门总产出－R 省 i 部门净流出。2002 年、2007 年以及 2012 年各省份各部门总产出数据来自相应年份的《中国地区投入产出表》。实际上,从省级投入产出表中直接获得各部门的总产出和总

需求数据是最简单和直接的方式,但由于 1992 年和 1997 年的省级
投入产出表难以获得且质量参差不齐,而 2017 年的省级投入产出表
尚未公布,因此本章采取了张红梅等(2018)提出的方法,从年鉴中筛
选出总产出和总需求数据。为了确保不同来源和不同年份的数据的
一致性和可比性,本章在现有研究基础上更进一步,通过从各省年鉴
数据中筛选出各省份各部门的总产出比例,并按照此比例将全国投入
产出表的总产出数据进行拆分,从而得到各省份各部门的产出数据。
具体来说,1992 年、1997 年和 2017 年的总产出数据是根据《中国投入
产出表》《中国统计年鉴》《中国国内生产总值核算资料》《中国工业统计
年鉴》和《中国农业统计资料》推算而来。首先,研究者计算各省份各部
门产出或销售额在全国各自所在部门的比重;然后,按照这一比重将
1992 年、1997 年和 2015 年全国投入产出表的产出数据进行拆分,得到
各地区各部门的总产出数据;接着,根据 GDP 增长率和 2015 年总产出
数据估算 2017 年的总产出数据;最后,各省份根据各部门总产出比例,
将货物和服务的净流出数据拆分至各个部门,从而求出各省份各部门的
总需求数据。通过这些步骤,本章不仅能确保数据的一致性和可比性,
还能通过合理的推算和调整,获得详尽且可靠的省际贸易流量数据。

　　2007 年各部门省际贸易流量数据:中国科学院虚拟经济与数据
科学研究中心 2007 年区域间投入产出表(China-IRIO 2007)。

　　各省份各部门进出口数据:为了分析比较中国各省份各部门省
际贸易和国际贸易的关系,本章将利用海关数据估算出历年各省份
各部门产品进出口数据。2012 年进出口数据来源于 2012 年《中国地
区投入产出表》,表中包含流入、流出[①]、进口和出口的数据;2007 年

---

① "流入""流出"是指本省与其他省之间的国内贸易。

《中国地区投入产出表》为两列表,表中只包括"流入＋进口"和"流出＋出口"的数据,2002 年《中国地区投入产出表》为一列表,表中只有净流出(流出＋出口－流入－进口)或净流入(流入＋进口－流出－出口)的数据,因此 1992 年、1997 年、2002 年、2007 年以及 2017 年需要估算相应年份各部门进出口数据。首先,编制海关 HS 编码分类与投入产出表部门分类对照表,将各省份商品海关数据进行汇总归并,求出进出口比例;其次,根据刘卫东等(2012)和于洋(2013)的处理办法将货源地目的地进出口数据调整为货物和服务进出口数据;最后,按进出口比例将进出口数据进行拆分,从而得到历年各省份各部门进出口数据。

(二) 区域选择与产品分类

本文选择不包括港、澳、台、西藏、海南和重庆在内的中国 28 个省、直辖市和自治区作为区域单位。由于缺乏相关数据,本文将西藏和海南剔除。考虑到重庆 1997 年才设立为直辖市,为了保证数据的一致性和连续性,将重庆并入四川省进行计算。同时,根据国家信息中心在编制《中国区域间投入产出表》时对区域的划分方法,将 28 个省(区、市)划分为 8 个经济区域。本章把省、直辖市和自治区统称为省份、区域或地区,从而本章估算的贸易数据为省际贸易流量数据,为了行文统一,以下无特别说明时都用"省际贸易"一词。

对于产业分类,根据数据可得性,同时考虑国民经济行业分类标准、China-IRIO 产业分类标准、投入产出表产业分类标准、历年工业数据和农业数据的分类标准、海关 HS 分类标准,本文分为 26 个部门,并将其中 20 个物质生产部门按照产品性质分成了 5 个初级产品部门和 15 个制造业部门(如表 2.2 所示),无特别说明,表中编号适用于全书。

表2.2　部门分类、区域选择及编号

三部门分类	部门编号	部门名称	省编号	省名称	经济区域
初级产品	S01	农林牧渔业	11	北京	京津
	S02	煤炭开采和洗选业	12	天津	京津
	S03	石油和天然气开采业	13	河北	北部沿海
	S04	金属矿采选业	14	山西	中部
	S05	非金属矿及其他矿采选业	15	内蒙古	西北
制造业产品	S06	食品制造及烟草加工业	21	辽宁	东北
	S07	纺织业	22	吉林	东北
	S08	纺织服装鞋帽皮革羽绒及其制品业	23	黑龙江	东北
	S09	木材加工及家具制造业	31	上海	东部沿海
	S10	造纸印刷及文教体育用品制造业	32	江苏	东部沿海
	S11	石油加工、炼焦及核燃料加工业	33	浙江	东部沿海
	S12	化学工业	34	安徽	中部
	S13	非金属矿物制品业	35	福建	南部沿海
	S14	金属冶炼及压延加工业	36	江西	中部
	S15	金属制品业	37	山东	北部沿海
	S16	通用、专用设备制造业	41	河南	中部
	S17	交通运输设备制造业	42	湖北	中部
	S18	电气机械及器材制造业	43	湖南	中部
	S19	通信设备、计算机及其他电子设备制造业	44	广东	南部沿海
	S20	仪器仪表及文化办公用机械制造业	45	广西	西南
其他	S21	电力、热力的生产和供应业	51	四川	西南
	S22	燃气生产和供应业	52	贵州	西南
	S23	水的生产和供应业	53	云南	西南
	S24	废品废料	61	陕西	西北
	S25	其他工业	62	甘肃	西北
	S26	其他商业	63	青海	西北
			64	宁夏	西北
			65	新疆	西北

（三）估算结果

通过货物运输量估算法、引力模型加运输量分布系数法，我们分别得到了 1993—2017 年中国 28 省份省际货物运输量矩阵和省际产品和服务贸易流量矩阵，如表 2.3 所示。t^{RS} 为货物从 R 省运往 S 省的运输量或者产品和服务从 R 省到 S 省的流出量，R 和 S 代表本文研究的中国 28 个省份，TO^R 为从 R 省流出的货运总重量或者产品服务贸易总量，TI^S 为流入 S 省的货运总重量或者产品服务贸易总量。

表 2.3　中国省际货物运输量矩阵(单位:万吨)/贸易流量矩阵(单位:亿)

	北京	天津	河北	……	新疆	总流出
北京	$t^{11,11}$	$t^{11,12}$	$t^{11,13}$	……	$t^{11,65}$	TO^{11}
天津	$t^{12,11}$	$t^{12,12}$	$t^{12,13}$	……	$t^{12,65}$	TO^{12}
河北	$t^{13,11}$	$t^{13,12}$	$t^{13,13}$	……	$t^{13,65}$	TO^{13}
……	……	……	……	……	……	……
新疆	$t^{65,11}$	$t^{65,12}$	$t^{65,13}$	……	$t^{65,65}$	TO^{65}
总流入	TI^{11}	TI^{12}	TI^{13}	……	TI^{65}	

通过引力模型加单一点估算法，我们得到了 1992 年、1997 年、2002 年、2007 年、2012 年以及 2017 年中国 28 省 26 部门产品或服务贸易流量矩阵(如表 2.4 所示)。t_i^{RS} 为部门 i 的产品或服务从 R 省流入到 S 省的贸易量，R 和 S 代表本文研究的中国 28 个省份，i 代表本文研究的 26 个产业部门，TO_i^R 为 i 部门从 R 省流出的产品或服务贸易总量，TI_i^S 为流入 S 省的产品或服务贸易总量。

表2.4 中国省际部门贸易流量矩阵(单位:亿)

	北京	天津	河北	……	新疆	总流出
北京	$t_i^{11,11}$	$t_i^{11,12}$	$t_i^{11,13}$	……	$t_i^{11,65}$	TO_i^{11}
天津	$t_i^{12,11}$	$t_i^{12,12}$	$t_i^{12,13}$	……	$t_i^{12,65}$	TO_i^{12}
河北	$t_i^{13,11}$	$t_i^{13,12}$	$t_i^{13,13}$	……	$t_i^{13,65}$	TO_i^{13}
……	……	……	……	……	……	……
新疆	$t_i^{65,11}$	$t_i^{65,12}$	$t_i^{65,13}$	……	$t_i^{65,65}$	TO_i^{65}
总流入	TI_i^{11}	TI_i^{12}	TI_i^{13}	……	TI_i^{65}	

三、省际贸易流量估算结果对比分析

本章所使用的三种估算方法中,运输量分布系数法和单一点估算法的估算结果均为包含产品和服务贸易、计量单位为价值量的数据。因此,我们对这两种方法估算得到的各省份贸易流出量进行了对比分析。正如图2.1所示,尽管两种方法得到的各省贸易流出额存在显著差异,但其变动趋势基本保持一致。这种差异主要源于两个方面的原因。一是数据来源不同。运输量分布系数法的总产出和总需求数据是根据各省支出法GDP估算而来,这些数据主要反映各省在最终消费、投资和政府支出方面的需求情况。相对而言,单一点估算法的各省份产出和需求数据则是基于投入产出表的总产出数据计算而来,总产出不仅包括各省份的最终需求,还涵盖了中间投入部分,即各产业在生产过程中所消耗的中间产品。因此,由单一点估算法估算得到的省际贸易流出量绝对值通常大于运输量分布系数法的估算结果,因为它涵盖了更多的经济活动层面。二是摩擦系数的计算方法不同。运输量分布系数法的摩擦系数是基于省际货物运输量计算得出,这一方法依赖于实物运输数据,反映了实际货物流动过程中所遭遇的障碍和成本。而单一点估算法则是通过省际贸易流量和供给需求数据倒推得到摩擦系数,这一方法更多地依赖于经济模型和假设来推断贸易流动中的摩擦程度。两种方法在数据选取和计算过程中的差异,导致摩擦系数存在差异,从而影响到最终的贸易流出量估算结果。

为了检验运输量分布系数法和单一点估算法估算结果变动趋势的同步性,本小节根据两种方法得到的数据,分别计算了各省份贸易流出量每隔五年的增长率。值得注意的是,运输量分布系数法的初始估算年份为 1993 年,因此在该方法下 1997 年的贸易流出量增长率是基于 1993 年至 1997 年的增长情况。通过对比分析这些增长率(如图 2.2 所示),我们可以观察到两种方法在绝大多数省份和年份中的贸易流出量增长率基本保持一致。具体而言,除了个别省份和个别年份之外,两种方法估算的各省份贸易流出量增长率大体同步。例如,尽管天津、山西和内蒙古在 2017 年通过运输量分布系数法估算得到的贸易流出量增长率为负,而通过单一点估算法得到的增长率为正,这种差异可能是由于摩擦系数估算方法的不同所导致。运输量分布系数法在估算过程中,更加依赖于实际的货物流动数据,这意味着它在捕捉运输过程中的物理障碍和成本变化方面更具优势。然而,单一点估算法则通过对贸易流量和供需关系的全面分析,考虑了更多的经济因素,因此在某些情况下可能提供更为全面的视角。这种差异在一定程度上解释了个别年份和省份之间增长率估算结果的不同。

总之,尽管通过不同方法得到的省际贸易数据的绝对值存在一定差异,但两者在贸易数据变动趋势上的基本一致性表明估算结果

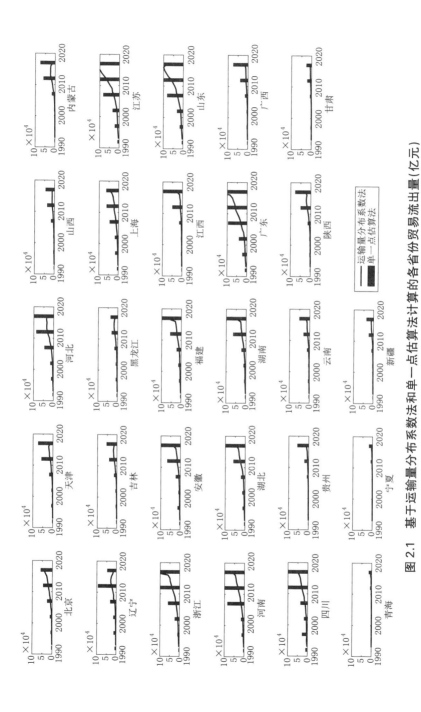

图 2.1　基于运输量分布系数法和单一点估算法计算的各省份贸易流出量(亿元)

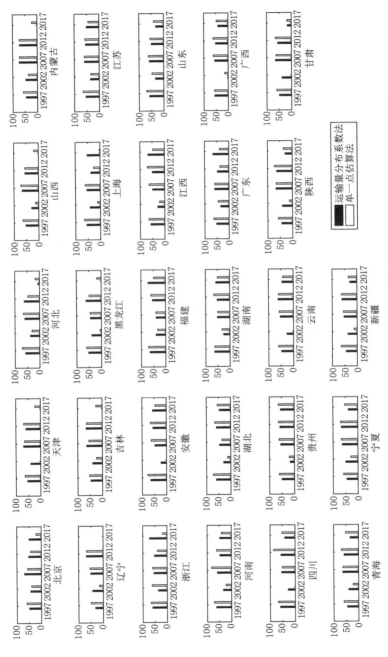

图 2.2　基于运输量分布系数法和单一点估算法计算的各省份贸易流出量增长率（%）

的稳健性较强。这种一致性不仅验证了数据的可靠性和有效性,还说明了不同估算方法在捕捉省际贸易联系和变动趋势方面具有较高的可信度。无论是通过运输量分布系数法,还是通过单一点估算法,所得出的贸易数据都能够从不同维度反映出各省之间复杂的贸易联系和动态变化。这表明,这些方法尽管各自有优劣,但在综合运用时能够提供更为全面和准确的分析视角,从而为进一步的区域经济研究和政策制定提供坚实的数据支持和理论依据。通过对比和验证不同方法的估算结果,可以更好地理解省际贸易的流动规律和趋势,为推动区域经济协调发展、优化资源配置提供科学指导。

四、省际贸易数据不确定性分析

在经济模型研究领域,学者们经常披露其估算结果中的不确定性,并报告数据的系统性误差。自 Leontief 的投入产出理论问世以来,学者们逐渐将不确定性分析引入到投入产出模型的研究之中(Temursho,2017)。投入产出数据的不确定性在某些特殊情况下可能会产生实际的影响,因此学者们需要掌握有关数据的衡量标准,以便分析投入产出表中数据的准确性。模型最终结果的不确定性由多个因素引起,包括但不限于原始数据的准确性、抽样误差、数据聚合问题、价格变动和通货紧缩问题以及报告误差等。在区域间投入产出模型领域,由于涉及多个地区和国家,还存在其他可能增加模型估算结果不确定性的因素,如货币汇率波动问题、产品或部门分类的一致性问题等。针对不同的问题,学者们采取了多种方法来分析模型的不确定性,这些方法包括但不限于确定性误差分析法、计量和其他非贝叶斯统计方法、随机误差和概率分析法、全概率密度分布分析法、蒙特卡洛分析法以及贝叶斯方法等(Temursho，2017)。相比之下，国内模型估算领域对不确定性分析的重视程度相对较低，目前尚未有任何机构系统性地披露其估算结果的系统性误差。本章借鉴了编制区域间投入产出表的单一点估算法来获得省际贸易数据。为了评估该模型的系统误差，本章对估算结果的不确定性进行了深入分析，旨在提高数据的可靠性和分析的准确性。

在实际的经济研究中，由于缺乏数据的分布特征，往往难以进行有效的不确定性分析。为了应对这一挑战，经济学家们在不确定性分析中引入了蒙特卡洛模拟分析技术(Bullard et al.，1988)。West(1986)和 Ten Raa et al.(1994)指出，对于大型投入产出系统的 Leontief 逆矩阵，其标准差难以通过传统方法进行精确分析处理，因此建议使用随机分析的方法来解决这一问题。Lenzen(2001)利用澳大利亚的数据，提出了一个计算简单乘数的广义静态投入产出框架，并评估了生产要素和投入产出数据的不确定性对劳动力和能源乘数的影响。投入产出表的不确定性主要来源于相关数据，因此这种不确定性会随着产业的不同而有所变化。尽管澳大利亚国家统计局没有直接计算投入产出表的不确定性，但它披露了部分来源数据的标准差等相关信息，如直接消耗系数矩阵、供给矩阵、进口数据以及资金流动数据等，研究人员可以根据这些标准差推测出投入产出表的不确定性。由于难以获得投入产出相关乘数的标准差和分布，Lenzen(2001)引入了蒙特卡洛模拟方法来进行不确定性分析。随后，Lenzen et al.(2010)利用蒙特卡洛模拟方法分析了英国二氧化碳碳足迹的不确定性。研究过程中，作者首先识别了原始数据的六种不确定性来源，并通过代理变量确定了部分数据的标准差，进而用蒙特卡洛方法计算出二氧化碳乘数的标准差，最终通过误差传播法估算出英国碳足迹的不确定性。Temursho et al.(2017)进一步强调,采用蒙特卡洛方法可以有效地评估 Leontief 逆矩阵元素的偏误程度。鉴于我们无法直接获得我国总产出数据的误差范围,本章采用了蒙特卡洛技术,通过模拟不同水平的数据误差,深入考察原始数据误差对省际贸易估算结果的影响。这一方法不仅弥补了直接数据获取的不足,还为我们提供了一种有效评估模型结果可靠性的新途径,从而增强了对数据不确定性的理解和掌控。这一分析方法的引入,不仅提升了研究结果的可信度,也为进一步的政策制定和经济分析提供了坚实的数据支持。

关于原始数据误差分布特征的假设,学术界并未达成一致的结论。Quandt(1959)提出,对数分布可以在不考虑真实分布特征的情况下,对总产出误差分布提供相对准确的描述,这一观点为误差分布假设提供了一种方法。Lenzen(2001)在其研究中采用了标准正态分布,并将数据误差的模拟范围控制在 3％以内,以确保模拟结果的合理性和可靠性。与此同时,Wilting(2012)则使用了均匀分布,并将数据扰动范围控制在 10％以内,通过这一方法来分析数据误差对模型结果的影响。由于我国目前尚未披露数据的不确定性,本书借鉴了 Wilting(2012)的处理办法,假设误差服从均匀分布且随机不相关。通过这种假设,本研究能够通过调整数据扰动范围,系统性地分析不同原始数据误差水平对省际贸易流量估算结果的影响。这样的处理方法不仅能够模拟现实中可能存在的误差情况,还能够为评估数据质量和模型稳定性提供更为丰富的参考依据,从而提升研究结论的可信度和实际应用价值。具体步骤如下:首先,对原始数据进行随机扰动,扰动后的 R 省 i 部门总供给为 $y_i^{R^*}=y_i^R+\delta y_i^R$,扰动后的 S 省 i 部门总需求为 $d_i^{S^*}=d_i^S+\delta d_i^S$,扰动后的摩擦系数为 $Q_i^{RS^*}=Q_i^{RS}+\delta Q_i^{RS}$。其次,扰动后的省际贸易流量为 $t_i^{RS*} = (y_i^{R*} d_i^{S*} / \sum y_i^{R*}) Q_i^{RS*}$，重复上述过程(每年5000次)。最后,通过比较扰动后和扰动前的数据产生相对标准差的分布 $\delta t_i^{RS} = (t_i^{RS*} - t_i^{RS})/t_i^{RS}$,分布的均值被认为是省际贸易流量的"实际"相对标准差 δt_i^{RS},从而得到单一点估算法结果的不确定性。由于无法确定原始数据不确定性的相关信息,因此我们对原始数据分别进行10%、50%和100%水平的随机扰动,分析原始数据不同水平的误差对估算结果的影响。

表2.5　中国28省26部门省际贸易流量矩阵不确定性

数据扰动范围	1992年	1997年	2002年	2007年	2012年	2017年
[−10%, 10%]	0.60%	0.57%	0.67%	0.61%	0.63%	0.79%
[−50%, 50%]	3.03%	2.88%	3.37%	3.10%	3.18%	4.03%
[−100%, 100]	6.49%	6.12%	7.12%	6.67%	6.82%	8.44%

根据表2.5的数据分析结果,当对原始数据的扰动范围控制在10%以内时,贸易数据的不确定性范围为0.57%—0.79%。如果将扰动范围扩大到50%以内,估算结果的不确定性则上升为2.88%—4.03%。进一步扩大扰动范围到100%,不确定性则维持在6.12%—8.44%之间。在国外相关研究中,Wilting(2012)通过对技术系数进行10%的扰动,经过10000次蒙特卡洛模拟,发现技术系数误差对碳足迹整体估计的不确定性约为0.73%。结合其他数据的误差,最终荷兰碳足迹整体的不确定性达到了4.6%。此外,Lenzen et al.(2010)利用蒙特卡洛方法估算二氧化碳乘数的不确定性,结合官方披露的其他六种原始数据标准差,英国消费者碳排放的不确定性范围为5.5%—8.5%。本书的不确定性分析仅考虑单一点估算法的随机误差,然而,除了随机误差外,可能还存在其他非系统性误差,例如

各省贸易结构的变化等。由于缺乏真实的贸易数据,本书暂时控制了这些非系统性因素。然而,由于在进行蒙特卡洛模拟时对数据的随机扰动范围高达100%,可以确定单一点估算法结果的不确定性在6.12%—8.44%之间。

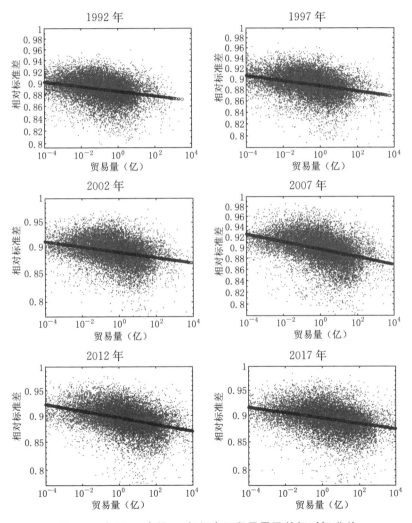

图 2.3　中国 28 省份 26 部门省际贸易量及其相对标准差

此外,蒙特卡洛模拟方法不仅可以评估数据估算的准确性,还可以评价数据估算的效率。具体而言,图2.3展示了在对数据扰动控制在100%以内的情况下的模拟结果,将相对标准差与相应的贸易量数据进行回归分析,结果显示所有回归曲线均向下倾斜。这表明,尽管对所有数据进行了100%以内的随机干扰,但贸易量数值较大的数据的相对标准差较小,而贸易量数值较小的数据的相对标准差则较大。这个结果与Lenzen et al.(2010)的研究观点一致,即绝对值较大的元素在估算结果中的稳定性较强,而这一稳定性是以牺牲部分绝对值较小的元素的稳定性为代价的,从而导致这些较小元素的相对标准差较大。这样的分析不仅进一步验证了蒙特卡洛模拟方法在处理数据不确定性方面的有效性,还揭示了在高扰动情况下,估算结果的稳定性如何随着数据量级的变化而变化。通过这一分析,我们可以更好地理解数据估算中的误差分布特性,为进一步优化估算模型和提高数据准确性提供了有力支持和参考依据。

五、本章小结

本书拟从省际贸易的角度出发,系统地探讨我国市场分割问题,并通过详细的分析和数据处理,力求提供规范和准确的估算结果。为此,本章首先系统梳理了目前获取省际贸易数据的方法,对各种方法进行了全面的比较和评价,并结合我国现有的数据条件,筛选出最合理的方法来估算中国省际贸易数据。具体而言,本书在对现有方法进行详尽比较分析的基础上,采用了货物运输量估算法、运输量分布系数法和单一点估算法,通过这些公开数据源获取了1992年至2017年年间的省际货物运输量、省际贸易总额以及分部门的省际贸易流量数据。这些方法的选择和应用,旨在全面捕捉和反映各省份之间的贸易联系和变动趋势。其次,为了进一步提升数据的准确性和覆盖面,本书对海关进出口数据进行了细致的调整,并结合省际贸易流量数据,从总体和分产业部门两个角度对各省的国内贸易和国际贸易情况进行了全面的分析。这种方法不仅增强了数据的准确性,也提供了多维度的视角来理解各省份之间的贸易关系和经济联系。在此基础上,本书还对运输量分布系数法和单一点估算法的估算结果进行了详细对比分析。尽管通过不同方法和不同数据来源估算得到的省际贸易数据在绝对值上存在一定差异,但其变动趋势基本保持一致。这一发现表明,尽管各方法在数据处理和计算过程中有不同的假设和侧重点,但其估算结果的稳健性较强,能够在一定程度上可靠地反映各省份之间的贸易联系和变动趋势。为了进一步评估原始数据误差对省际贸易流量估算结果的影响,本书创新性地引入了蒙特卡洛模拟方法,对省际分产业贸易数据的不确定性进行了详细的评估。结果显示,中国 28 省份 26 部门省际贸易流量估算结果的相对标准差保持在 6.12%—8.44%之间,这表明数据的相对稳定性和可靠性。同时,单一点估算法对绝对值较大的数据估算效率较高,这一发现为未来相关研究提供了重要的参考价值。综上所述,通过多种方法的综合应用和详细对比分析,本书不仅提供了关于中国省际贸易的详细数据和分析框架,也为进一步深入研究中国市场分割问题提供了坚实的基础和科学依据。这些研究成果不仅对理论研究具有重要意义,也为政策制定提供了实用的参考和指导。

　　特别需要指出的是,作为一项探索性、基础性工作,本节的研究还非常初步,目前仅仅提供了一个关于省际贸易规模的简单测算。无论是在理论上如何论证其合理性,还是在现实中如何解释这些测算结果,仍然需要后续进一步深入的研究和探讨。首先,关于省际货物运输量的经济学含义,需要进行更详细和全面的分析。省际货物运输量的估算方法是基于铁路运输在整体货运总量中的比例,将地区之间的铁路运输重量按照这个比例进行等比例放大。然而,铁路货运中占比最高的是煤炭运输,这意味着将铁路货运数据等比例放大后得到的数据在多大程度上能够真实代表整体的省际货物运输量,还有待进一步讨论和验证。其次,关于运输量分布系数法和单一点估算法所得到的省际贸易价值量规模,这两种方法的估算结果对数据的准确性高度依赖于摩擦系数的计算以及相关变量的估算过程。在这些过程中,误差的累计可能会导致较大的结果偏差。尽管本书已经尽力从不同维度进行规范估计、减少误差,但这种误差仍然是难以完全避免的。因此,从更加严谨和准确的角度来看,使用增值税发票数据来估算省际贸易规模或许是未来一个重要的研究方向。最后,关于摩擦系数的经济学含义,摩擦系数作为省际贸易数据估算方法的核心,其经济学含义仍然需要进一步挖掘和阐明。目前,摩擦系数主要用于衡量贸易过程中所遇到的各种阻力和成本,但具体如何量化这些阻力和成本,以及如何更准确地反映省际贸易的真实情况,仍需要更多的理论和实证研究进行深入探讨和验证。此外,还需要考虑其他影响省际贸易的因素,如政策变化、经济环境变化以及外部市场的波动等,这些因素都会对贸易流量产生影响。因此,未来的研究需要在这些方面进行更加系统和深入的分析,以提高省际贸易数据估算的准确性和可靠性,从而为政策制定提供更为科学和有效的依据。在继续探索和完善这些方法的过程中,研究者还应加强对相关经济理论的理解和应用,结合实际情况不断改进和优化估算方法,最终实现对省际贸易规模和动态变化的准确测算,为我国区域经济协调发展和市场一体化建设提供坚实的数据支持和理论基础。

第三章　中国国内贸易演变趋势分析

　　改革开放以来，贸易的发展成为促进我国经济持续增长的重要力量。国际贸易的迅猛发展不仅显著提升了"中国制造"的国际竞争力，还彻底改变了国内经济格局及各地区在全球产业分工中的地位。伴随着中国融入全球市场，国内各地区逐渐形成了与国际市场紧密联系的产业链和供应链体系。与此同时，国内贸易的发展也不容忽视。它不仅在规模和质量上不断提升，还大大促进了区域经济一体化的发展，加强了不同地区之间的经济联系和合作。然而，与国际贸易研究的广泛关注相比，现有文献对国内贸易的研究相对匮乏。这种研究的缺失限制了我们对我国经济内部联系和运行机制的全面理解。因此，本章将重点关注国内贸易的演变趋势，深入探讨各省之间的贸易联系及其变化，分析国内市场的整合程度。具体来说，本章将通过详细的数据分析和实证研究，系统分析各省之间的贸易流动，揭示省际贸易联系的动态变化及其背后的驱动因素。我们将探讨区域经济一体化进程中的挑战和机遇，特别是如何降低省际贸易壁垒，实现更高效的资源配置和经济协调发展。通过这样的研究，不仅可以帮助我们更全面地了解我国国内市场的整合程度，还能为政策制定者提供实证依据,以促进区域间更有效的资源配置和经济协调发展。本章的研究成果将对提升国家经济竞争力,实现可持续经济增长,具有重要的理论和现实意义。通过深入分析国内贸易的演变和区域经济一体化的进程,本书旨在为我国经济发展提供新的动力和方向,助力实现更高质量的经济发展目标。这不仅有助于学术研究的深化,还将为实践中的政策制定提供宝贵的参考。

深入研究我国各省份之间的贸易联系,不仅有助于了解各省份经济的互动和联系,发现经济运行中存在的问题,还能有效促进区域经济协调发展、经济可持续增长以及全国统一大市场的形成。首先,省际贸易的规模及各省之间的贸易联系反映了国内贸易市场的整合程度、比较优势和网络分工。通过深入研究省际贸易联系,可以建立各省之间直接或间接的经济技术联系,促进区域间的分工与合作,从而推动区域间的协调发展。其次,国内市场规模的扩大有助于市场机制在更大范围内发挥作用,提高资源配置效率,提升区域经济一体化水平。这对于各地区充分利用自身的比较优势,实现资源的优化配置具有重要意义。国内贸易的有效扩展和深化,可以带动区域经济的均衡发展,减少区域间发展不平衡的问题,促进全国经济的协调增长。再次,在全球经济疲软和国际贸易环境不确定性增加的背景下,省际贸易成为促进经济增长的重要渠道。发展国内贸易,促进省际贸易交流,不仅可以有效扩大内需,增加经济发展的内生动力,还能改变过去过度依赖外需的发展路径,从而增强经济的自主性和抗风险能力。通过分析省际贸易的演变趋势,可以揭示出经济发展的内在规律,找出影响经济发展的关键因素,为经济政策的制定提供科学依据。本章通过对省际贸易的演变趋势进行深入研究,能够更好地把握中国经济发展的脉搏和趋势。通过加快市场从分割走向一体化,可以进一步提高市场机制的配置效率,推动经济高质量发展。这对于建设更加强大的国内贸易市场,提供新的经济增长源泉,推动我国经济持续健康发展具有重要的理论和现实意义。同时,这种深入研究不仅能为政府和企业提供决策支持,也能为学术界提供新的研究视角和方法,有助于推进经济学理论的发展和完善。综上所述,研究我国各省之间的贸易联系和省际贸易的演变趋势,具有重要的实践价值和理论意义,是推动我国经济高质量发展的关键环节。

　　然而,由于我国缺乏类似海关的机构对各省贸易数据进行全面统计,这给省际贸易相关研究带来了巨大的困难。面对这一挑战,学者们另辟蹊径,采用多种方法获取数据,对各省之间的贸易联系进行分析。一些学者通过投入产出表获取数据并分析省际贸易。例如,陈家海(1996)利用中国 25 个省 1987 年的投入产出表,考察了省际贸易依存度。研究发现,这 25 个省份的国内省际流出与国际出口贸易额之和占 GDP 的比重高达 51.4%,其中省际流出贸易额占 GDP 比重为 9.9%,省际贸易依存度达 41.5%。这一结果表明,中国省际贸易在经济中占有重要地位。Naughton(1999)基于 1987 年和 1992 年的省级投入产出表,分析了省际工业品贸易,发现整体而言省际工业品贸易有所增长,制造业内部产业间贸易占据主导地位。Poncet(2003)通过分析省级投入产出数据发现,1987—1997 年间省际贸易在 GDP 以及贸易总额中的比重显著降低,这一趋势反映了经济结构的变化和区域贸易模式的调整。除了投入产出表,一些学者还通过数学模型估算数据对省际贸易进行研究。例如,许召元等(2009)利用 2002 年中国省级投入产出表和省际铁路货运量数据,估算出 42 种商品和服务的省际贸易量,并据此分析了中国区域间的贸易联系。这种方法结合了多种数据来源,提高了估算的精度和可信度。此外,还有学者通过官方披露的数据对国内贸易进行研究。钱勇生等(2007)通过分析省际铁路货物运输量发现,1988—2017 年年间东部地区与中西部地区的贸易往来日益密切。这一研究揭示了区域间经济联系的增强和物流网络的完善。李善同等(2008)根据"金税工程"数据披露的增值税信息研究中国省际贸易,发现我国省际贸易呈现出明显的空间相关性,形成了若干贸易区。徐现祥等(2012)利用 1985—2008 年省际铁路货物运输量数据研究中国省际贸易时发现,外需导向的省际贸易主要受外贸的影响,贸易集中在周边区域;而内需导向的省际贸易则主要受国内贸易成本的影响,货物流向从内陆向沿海地区转移。这表明我国的省际贸易已纳入全球经济循环,产生了为外贸而进行的内贸活动。

现有文献对省际贸易的研究主要存在以下几个方面的不足:首先,使用区域间投入产出数据或者通过模型估算得到的部门省际数据,往往存在时间跨度较短、部门分类粗糙或地区划分过于宽泛的问题。这些局限性使得研究无法全面分析各省份各部门之间的贸易联系及其动态变化。例如,某些研究仅能提供有限年份的数据,难以捕捉长期的经济变化趋势;而部门分类粗糙则限制了对具体产业间贸易关系的深入分析;区域划分过于宽泛导致无法准确反映省级层面的具体贸易情况。其次,使用铁路货物运输数据来研究省际贸易,虽然可以获取较长时间跨度的物流数据,但无法很好地刻画各省产品的附加值及第三产业的贸易变化。铁路货运数据主要反映的是大宗货物的运输情况,缺乏对高附加值产品和服务贸易的细致描述,这就限制了研究的全面性和准确性。最后,尽管"金税工程"数据能够对国内贸易进行准确的刻画,但由于该数据库为非公开性质,数据使用受限,研究者难以自由获取和利用这些数据来进行广泛的分析。为

了全面考察中国省际贸易的演变趋势,本书首次采用了 1992—2017
年的省际货物运输贸易数据、省际贸易总额数据以及省际部门贸易
数据,对我国省际贸易进行了全面分析。这种方法不仅涵盖了较长
的时间跨度,提供了丰富的时间序列数据,还通过细致的部门分类和
省级层面的精确划分,弥补了现有研究在时间和空间上的不足。通
过整合多种数据来源,本书不仅能够捕捉各省各部门之间的贸易联
系及其动态变化,还能深入分析高附加值产品和服务贸易的发展趋
势,提供更加全面和准确的分析结果。这一研究有助于更好地理解
中国各省之间的经济互动,揭示省际贸易中的结构性变化及其背后
的驱动因素,为政策制定提供科学依据,并推动区域经济协调发展和
全国统一市场的建设。

　　本书的研究具有以下几方面的优势:首先,本书所使用的数据时
间跨度较长,涵盖了 1992 年至 2017 年,基本反映了我国自 1992 年
市场经济体制改革以来省际贸易的变化过程。这一长时间跨度的数
据使得研究能够捕捉到经济体制改革对省际贸易的长期影响,能够
更准确地识别和评估政策变化、经济事件及其对省际贸易流动的影
响,揭示出省际贸易的动态演变过程,提供了全面的历史视角。其
次,本书的研究覆盖面较全,对省际贸易的分析不仅包括货物贸易,
还涵盖了产品服务贸易以及各部门的省际贸易。这种全面的覆盖使
得研究能够更准确地反映各省份之间复杂的贸易关系,揭示出不同
产业和服务部门之间的经济联系,能够深入探讨各省在全国贸易网
络中的角色和功能,揭示出区域间经济互动的多层次结构,确保研究
结果具有广泛的代表性和可靠性。最后,本书使用的数据在产品部
门分类上较为细致,能够对省际产业联系及其动态变化进行清晰的
描述。通过详细的部门分类,本书可以深入分析不同产业之间的贸

易流动,揭示各省份在产业分工中的地位和变化趋势。这种细致的分类为政策制定者提供了更具针对性的数据支持,有助于推动区域经济协调发展。具体而言,研究能够识别出高附加值产业、传统制造业和服务业等不同部门的贸易模式,分析其对区域经济发展的影响,进而为制定更加精准和有效的经济政策提供坚实的基础。综上所述,本书通过长时间跨度的数据分析、全面的贸易覆盖以及细致的部门分类,提供了对中国省际贸易的深入理解,为促进区域经济协调发展和优化资源配置提供了重要的学术和政策参考。

本章利用第二章估算得到的中国省际贸易数据库,分别从货物运输贸易、产品和服务贸易总额以及部门贸易的角度对中国省际贸易区域演变进行分析,前三部分利用货物运输量估算法和运输量分布系数法的估算结果,从重量角度和价值量角度分析中国各省省内贸易、省际贸易和国际贸易的关系。第四部分利用单一点估算法的结果,从产业部门角度分析各部门省内贸易、省际贸易和国际贸易的关系。第五部分为本章小结。

一、省际贸易与国际贸易

本小节计算的省际贸易流入量指的是从所有其他省份流入该省的贸易总量,而省际贸易流出量则是指从该省份流出至所有其他省份的贸易总量,这些数据均不包含省内贸易。表 3.1 详细列出了 1993 年和 2017 年中国 28 个省份的省际货物运输量、省际产品服务贸易量以及各省份的进出口贸易量,提供了丰富的数据来分析省际贸易的动态变化。

从货运角度来看(见表 3.1),我们可以清晰地观察到货物贸易中心从东部地区向中西部地区转移的显著趋势。首先,东中部地区的货物贸易活跃度整体有所降低。1993 年,货物贸易主要集中在东中部地区,广东、河北、江苏、山西、辽宁、河南、上海、湖北、浙江及山东10 省市的货物流入流出总量为 63.76 亿吨,占全国货物运输总量的56.94%。然而,到 2017 年,省际货物运输模式发生了显著变化。原1993 年省际货物贸易最为活跃的 10 个省份中,只有山东、湖北和河南 3 个省份依旧排在全国省际货物运输量最高的 10 个省份之中,其余省份的货物运输活跃度均有所降低。其中,辽宁和江苏的货物贸易活跃度下降最为显著,省际货运总量仅占全国的 2.39%。其次,西部地区的货物贸易活跃度显著上升。1993 年,西部省份如青海、宁夏、新疆、贵州以及甘肃与其他地区的货运贸易活跃度较低,省际货物流入流出总量仅为 6.52 亿吨,占全国货运总量的 5.82%。但到了2017 年,在原本省际货运活跃度较低的西部 5 省份中,除了甘肃和宁夏依旧保持较低水平外,新疆和贵州的货运流入流出总量达到 45.92亿吨,成为 2017 年全国省际货运量最大的省份。最后,从货物贸易净流出的角度来看,1993 年的货物贸易流出中心是山西和广东,货物净流出总量分别为 3.73 亿吨和 2.33 亿吨;而到了 2017 年,货物贸易中心转移到了山西和陕西,货物净流出总量分别为 19.93 亿吨和 5.58 亿吨。这表明货物贸易从东部向中西部地区转移的趋势愈发明显。

从贸易总额来看,我国国内贸易的活跃程度与各地区的经济发展水平和地理位置密切相关,主要集中在东部地区。首先,各省的贸易总额与其经济规模成正比。东部经济发达地区的省际贸易额较大,而欠发达地区的省际贸易额相对较小。例如,1993 年,广东、江苏、河南、上海、山东、湖南、浙江以及湖北 8 省市的省际贸易流入流

出总额为 2.17 万亿元,占全国省际贸易总额的 55.42%;到了 2017
年,这 8 省份的流入流出贸易总额增至 65.94 万亿元,占国内贸易总
额的 54.04%。相比之下,1993 年青海、宁夏、甘肃、内蒙古和新疆 5
省的省际流入流出贸易总额仅为 0.17 万亿元,2017 年增至 4.96 万
亿元,但仍保持在全国省际贸易总额的 5% 以下。其次,各省份的国
际贸易活跃程度与其地理位置密切相关。东部沿海地区的国际贸易
活跃度较高,而西部欠发达内陆地区的国际贸易活跃度一直较低。
例如,1993 年,广东、江苏、上海、浙江和山东的进出口总额为 0.84 万
亿元,到 2017 年增加至 22.67 万亿元,占全国国际贸易总额的 65%
以上。

表 3.1　1993 年、2017 年我国省际贸易与国际贸易

地区	基于货物运输量估算法 (单位:亿吨)				基于引力模型加单一点估算法 (单位:万亿元)							
	1993 年		2017 年		1993 年				2017 年			
	流出	流入	流出	流入	流出	流入	出口	进口	流出	流入	出口	进口
北京	1.73	2.29	0.27	0.53	0.049	0.063	0.018	0.044	1.924	3.317	0.198	0.815
天津	1.11	2.74	1.22	2.34	0.039	0.042	0.016	0.018	0.451	1.047	0.316	0.679
河北	3.58	4.85	2.93	17.85	0.086	0.077	0.010	0.008	2.890	0.961	0.326	0.322
山西	5.08	1.35	22.53	2.60	0.051	0.053	0.005	0.003	1.038	1.808	0.104	0.059
内蒙古	1.61	1.04	7.14	1.42	0.024	0.027	0.003	0.004	0.776	0.590	0.044	0.086
辽宁	2.66	3.40	2.19	4.51	0.058	0.072	0.027	0.030	0.732	0.710	0.367	0.534
吉林	1.11	1.78	1.58	2.60	0.029	0.042	0.010	0.009	1.070	0.724	0.039	0.125
黑龙江	1.48	2.13	2.03	2.18	0.042	0.052	0.024	0.012	0.691	0.690	0.040	0.097
上海	3.02	2.41	0.06	0.50	0.143	0.157	0.050	0.065	4.283	3.954	1.292	2.354
江苏	3.38	3.69	2.95	3.55	0.192	0.173	0.036	0.043	7.536	4.759	2.770	2.251
浙江	2.81	2.41	0.71	1.30	0.141	0.089	0.032	0.020	3.146	2.538	2.165	0.785
安徽	1.68	1.51	2.20	2.12	0.057	0.054	0.005	0.007	2.490	1.486	0.221	0.175
福建	1.21	1.17	0.49	1.05	0.059	0.063	0.032	0.033	1.781	2.128	0.689	0.528

（续表）

地区	基于货物运输量估算法（单位:亿吨）				基于引力模型加单一点估算法（单位:万亿元）							
	1993 年		2017 年		1993 年				2017 年			
	流出	流入	流出	流入	流出	流入	出口	进口	流出	流入	出口	进口
江西	0.98	1.40	1.55	2.75	0.043	0.054	0.004	0.005	2.288	2.604	0.187	0.108
山东	2.57	2.63	4.52	5.78	0.128	0.118	0.031	0.028	4.315	1.793	1.167	1.345
河南	2.84	2.75	5.14	5.29	0.117	0.115	0.006	0.006	4.488	5.402	0.372	0.267
湖北	2.10	3.17	1.54	3.97	0.098	0.102	0.008	0.010	2.649	2.476	0.216	0.147
湖南	2.32	2.32	1.40	3.15	0.086	0.080	0.007	0.005	2.695	3.129	0.132	0.107
广东	5.70	3.37	2.22	2.72	0.229	0.203	0.248	0.283	5.600	7.175	5.093	3.746
广西	1.03	1.67	2.06	3.16	0.059	0.068	0.007	0.009	1.232	2.451	0.109	0.332
四川	2.21	2.42	2.54	8.88	0.067	0.075	0.008	0.010	2.538	3.583	0.548	0.433
贵州	0.69	0.95	5.79	3.12	0.029	0.034	0.001	0.001	1.005	1.337	0.041	0.022
云南	1.51	0.97	2.47	4.45	0.037	0.032	0.005	0.003	1.465	2.334	0.074	0.103
陕西	1.07	1.21	7.88	2.30	0.039	0.045	0.004	0.006	2.028	2.311	0.177	0.143
甘肃	0.88	1.34	3.20	2.67	0.018	0.022	0.002	0.002	0.584	0.360	0.013	0.029
青海	0.21	0.32	0.94	0.73	0.007	0.008	0.000	0.000	0.209	0.266	0.002	0.001
宁夏	0.27	0.25	2.45	0.36	0.005	0.007	0.001	0.001	0.295	0.256	0.019	0.014
新疆	1.15	0.46	3.57	1.72	0.024	0.029	0.003	0.005	0.809	0.812	0.122	0.121

通过对比分析各省的货物贸易、产品服务贸易以及国际贸易,笔者发现各省(市)之间的贸易活动呈现出以下几个显著特点:

首先,省际货物贸易和产品服务贸易格局的变化差异反映了地区贸易结构的调整和转变。从 1993 年到 2017 年,我国货物贸易的中心逐渐从东部地区向中西部地区转移,而产品服务贸易一直在东部地区保持较为活跃的状态。根据国家统计局的数据,2017 年江苏和广东的 GDP 在全国名列前茅,其第二、第三产业增加值也相对较高。尽管这两个省份的货物贸易总量较少,但其产品服务贸易额依旧保持在较高水平,这表明经济发达地区在服务贸易方面具有更强的竞争力和活跃度。相反,虽然山西省的货物贸易最为活跃,但由于其经济结构中煤炭贸易所占比例较高,产品附加值较低,再加上第三产业增加值较少,导致山西的产品服务贸易额在全国处于较低水平。此外,一些经济欠发达的地区,如贵州、甘肃和内蒙古,其产品服务贸易额一直较低,但其货物贸易却有所增加。这些地区的经济增长主要依赖于初级产品和低附加值制造业产品,因此货物贸易对于这些地区显得尤为重要。通过对运输量数据和价值量数据的对比分析,可以更清晰地反映我国地区产业结构的变化,而价值量数据则能更好地把握我国产品附加值和服务贸易的变化趋势。

其次,与国际贸易相比,我国各省份的国内贸易比例显著更高。从全国范围来看,各省份的国内贸易额普遍高于国际贸易额,国内贸易与国际贸易的比例也有所提升。根据运输量分布系数法估算的省际产品服务贸易总额显示,1993 年我国各省的国内省际流出贸易是出口贸易的 3.24 倍,到 2017 年这一比例上升到 3.62 倍。这一变化表明,国内贸易对各省份的经济影响逐渐超过国际贸易。具体来说,这意味着在相同的时间段内,国内贸易对各省份经济增长的贡献越来越大,这也是我国经济结构调整和内需市场扩大的结果。

再次,国内贸易和国际贸易对各省份经济发展的影响存在明显的地区差异。第一,从 1993 年到 2017 年,广东、上海、江苏、浙江、福建和山东等沿海省市的出口总额占全国出口总额的 70%以上,同时这些省市的省际流出贸易总额也一直保持在全国国内流出贸易总额的 40%以上。然而,这些省市的省际流出贸易额仅为出口额的 2.87倍,低于全国平均水平。第二,河南、湖北、河北、湖南和四川等内陆省份虽然省际流出额一直保持较高水平,但其出口贸易比例相对较低,省际流出额平均为出口额的 11.89 倍。第三,青海、甘肃、宁夏和内蒙古等西部地区的省际流出额和出口额一直保持在全国较低水平,国内贸易对这些省份的影响更大,省际流出额平均为出口额 25.87 倍。这表明国际贸易对沿海地区的经济影响较大,而国内贸易则对内陆省份的发展更为重要。这种区域差异在一定程度上反映了我国经济发展的不平衡状况,同时也为各地制定更具针对性的经济政策提供了依据。

最后,各省份的产品服务贸易量与其经济规模成正比。从产品与服务的省际贸易流入与流出的角度来看,东部和沿海地区的经济较为发达,因此相应地拥有较大的省际贸易量。例如,1993 年和 2017 年广东、上海、江苏、浙江、山东、河北和河南的贸易流出量合计均占全国省际贸易流出总量的 50％以上,贸易流入量合计均占全国省际贸易总流入量的 42％以上。这些经济发达地区由于具备较为完善的产业链和较强的经济基础,成为国内贸易活动的主要驱动力量。相反,欠发达地区的省际贸易交流则较少,如西部地区的青海、宁夏和甘肃,其省际贸易流出和流入份额均不足全国的 1.15％。这些地区由于经济基础较为薄弱,产业结构单一,导致其在全国贸易网络中的地位相对边缘化。

总的来说,通过对各省份货物贸易、产品服务贸易以及国际贸易的详细对比分析,本章揭示了各省份贸易的显著特点和动态变化,展示了我国不同地区在经济结构和贸易格局上的差异和趋势。这些分析不仅有助于更好地理解各地区的经济联系,也为政策制定提供了重要的参考。进一步的研究可以基于这些发现,探索如何通过政策手段促进区域经济协调发展,缩小地区间的发展差距,实现更加均衡和可持续的经济增长。

二、省内贸易与省际贸易

本小节计算的省内贸易指的是贸易流出地和流入地均在该省份范围内的贸易量总和,而省际贸易量指从所有其他省份流入该省和从该省份流出至所有其他省份的贸易量的总和。因此,一个省份的贸易总量是该省省内贸易量与省际贸易量的总和。基于省际货物运输量数据和省际产品服务贸易数据,我们分别计算了省内贸易占该省份贸易总量的比例。

从省际货物运输量的角度来看,如图 3.1 所示,1993 年全国各省份的省内贸易份额平均为 40.44%,而到 2017 年,这一比例下降至 35.71%,平均下降了 11.70%。这一变化反映了中国各省份之间贸易联系的显著变化,表明省际货物交流变得更加频繁,区域间的经济联系逐渐加强。具体来说,北京、吉林、江苏、云南、陕西、宁夏以及新疆等省份内贸易份额整体上呈现出明显的下降趋势,表明这些地区的省际货物交流变得更加频繁,区域间的经济联系逐渐加强。这一趋势反映了这些地区在经济发展过程中与外界的联系日益紧密。相较之下,山西、上海、河南、湖北、贵州以及青海的省市内贸易份额一直较低,这也说明这些省市在较早的阶段便已建立了较为广泛的省际贸易联系。省内货物运输份额的下降,体现了省际货物交流密切程度的提高,国内各省份之间相对封闭的状况有所改善。然而,值得注意的是,一些地区的省际货物贸易联系依然较弱。例如,天津和浙江的省内贸易份额在观察期内有明显的上升趋势,这表明这两个省份在某些时期内可能更倾向于内部贸易。此外,辽宁、安徽、福建、山东以及四川的省内贸易比例一直处于较高水平,这说明这些地区的省际贸易联系仍然相对薄弱。总体来看,全国范围内省内贸易份额的总体下降趋势,反映了中国经济的区域一体化进程在不断推进。然而,区域之间的贸易联系仍然存在显著差异。加强经济发展相对滞后的省份与其他地区之间的贸易联系,对于进一步推动区域经济协调发展至关重要。这不仅能够促进资源的优化配置和市场的进一步整合,还有助于提升整体经济效率,缩小地区间的发展差距,实现更加均衡和可持续的经济增长。推动这些相对滞后地区与其他省份之间的贸易交流,将有助于构建更加紧密的区域经济联系,进一步促进全国统一大市场的形成。这一过程对于实现全国经济一体化,提升国家整体经济竞争力,具有重要的战略意义。因此,未来需要继续加强政策支持,鼓励省际贸易发展,促进区域经济的协调与融合,推动中国经济的持续健康发展。

如图 3.2 所示,从产品与服务贸易总额的角度来看,1993 年全国各省份的省内贸易份额平均为 39.27%,而到 2017 年,这一比例下降至 34.92%,平均下降了 11.06%。这一趋势显示了中国各省份之间在产品与服务贸易方面的联系日益紧密,反映出省际贸易在逐步增强。具体来看,上海、河北、江西、河南、云南、陕西、甘肃、宁夏和新疆等省份的省内贸易份额在近几年呈现出明显的下降趋势。这表明,这些省市与其他地区的贸易联系有所加强,区域间的经济互动更加频繁,反映了这些省份在经济活动中越来越多地依赖于省外市场,与全国其他地区的经济联系日益紧密。除此之外,山西、贵州和青海的省内贸易份额一直处于较低水平,这也反映了这些省份在更早期便已形成了较为广泛的省际贸易网络,与全国其他地区的经济联系较为密切。这些省份的经济活动更多地依赖于全国市场,而非局限于本省内部,从而体现出较高的经济开放度和较强的省际经济联系。省内

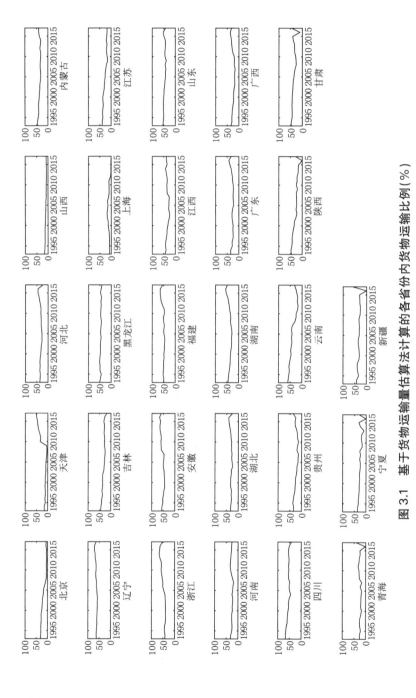

图 3.1 基于货物运输量估算法计算的各省份内货物运输比例（%）

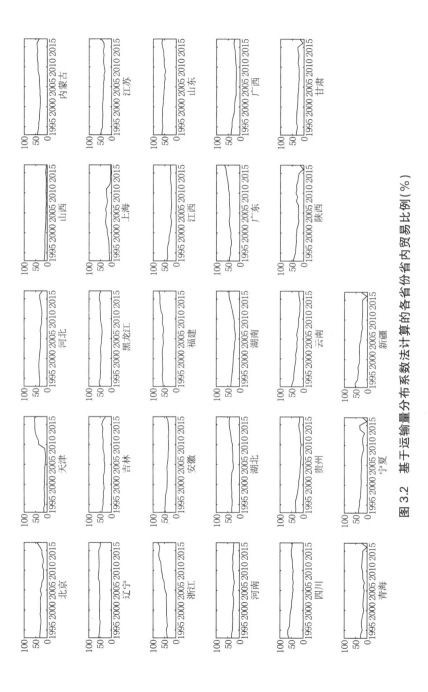

图 3.2　基于运输量分布系数法计算的各省份省内贸易比例（%）

贸易份额的下降,显示出各省之间的经济联系在不断加强,省际间的
贸易障碍逐渐减少,一定程度上可以表明中国的区域经济一体化进
程在持续推进,各地市场之间的互动日益频繁。然而,尽管整体状况
有所改善,一些省份的贸易份额仍然居高不下,甚至在某些年份有所
上升。例如,北京、天津、浙江、福建、广东和四川的省内贸易份额在
近几年有上升趋势,这表明这些省份在某些时期更倾向于依赖内部
市场进行经济活动。此外,辽宁、黑龙江和山东的省内贸易份额一直
处于较高水平,这从侧面反映了这些地区的经济活动更倾向于内部
循环,省际间的经济一体化程度仍有待提升。这些现象表明,尽管中
国的区域经济一体化取得了显著进展,但各地市场之间的一体化程
度仍存在显著差异。对于省内贸易份额下降的省份,这表明它们在
不断融入全国市场,扩大与其他省份的经济联系;而对于那些省内贸
易份额仍然较高的省份,则需要进一步促进其与其他地区的贸易往
来,打破区域经济的相对封闭状态。

通过对比分析货物运输量估算法和运输量分布系数法的结果,
本章发现省际贸易和省内贸易呈现出以下几个显著特点:

首先,省际贸易联系整体增强。从省际货物贸易和省际产品服
务贸易两个角度来看,自1993年到2017年,我国省际贸易的平均比
例均有所提高。这一趋势表明,各省份之间的贸易联系显著增强,反
映了国内市场一体化程度的提高。具体而言,随着市场经济体制改
革的深入,区域间的经济壁垒逐渐减少,商品和服务的流动性大大增
加,促进了全国范围内经济资源的更高效配置。特别是随着基础设
施建设的不断完善,例如高铁网络的扩展、公路运输系统的升级以及
港口和机场的现代化,各地区之间的交通运输更加便捷,为省际贸易
的增长提供了坚实的支持。

其次,省际贸易变化呈现出明显的区域化特点。从 1993 年到 2017 年,西部地区主要以省际贸易为主导形式。例如,贵州、云南、陕西、甘肃、青海、宁夏和新疆等省份的省内贸易比例一直处于较低水平,且呈现明显的下降趋势。这些地区由于产业结构相对不均衡,依靠本省内部的贸易无法满足大部分经济需求,因此更多依赖于与其他省份的贸易联系。西部地区的资源优势和相对廉价的劳动力,使其在与东部和中部地区的贸易中发挥了重要作用,特别是在能源、矿产和农产品等初级产品的供应方面。相反,天津、辽宁、黑龙江、浙江、福建、山东和广东等东部省份的省内贸易比例较高,且部分省份的省内贸易比例还有上升趋势。这些东部省份经济较为发达,内部市场较为成熟,因此在一定程度上表现出较高的自给自足能力。东部沿海地区由于其较为发达的工业基础、丰富的产业链以及强大的消费市场,在省内贸易中占据了较大比重,体现出高度的经济自主性和市场整合度。

最后,货物贸易和产品服务贸易的变化趋势相似。无论是货物贸易还是产品服务贸易,1993 年的省际贸易比例均为 40％左右,而到 2017 年,这一比例均降至 35％左右。这表明,无论从哪种数据来源来看,各省份的省际贸易变化趋势具有高度一致性。产品服务贸易数据是根据引力模型和运输量分布系数法估算得到的,通过使用各省 GDP 数据以及海关进出口数据,将货物运输量数据转换为产品服务贸易数据。因此,产品服务贸易数据在结构上继承了货物运输量数据的部分特征,反映了两者在贸易流动中的一致性。这种一致性表明,无论是实物商品还是服务项目,省际之间的贸易交流都在不断加强,各地区之间的经济联系日益紧密。

总结而言,中国在过去二十多年中,省际贸易联系显著增强,区域间的经济互动日益频繁。然而,不同地区在省际贸易中的表现仍然存在显著差异。西部地区由于经济基础相对薄弱,更多依赖于省际贸易以满足经济需求;而东部地区则由于经济发展较为成熟,表现出较高的内部贸易比例。这种区域化特点要求在制定经济政策时,需考虑到不同地区的具体情况,因地制宜地推进区域经济一体化。对于西部欠发达地区,政策应侧重于提升其基础设施水平,增强其与东部发达地区的交通和物流连接,推动产业转移和协同发展。对于东部地区,则应进一步优化内部市场,提升产业链的完整性和技术水平,推动创新和高质量发展。

三、省际贸易空间分布

本小节基于货物运输量估算法和运输量分布系数法的估算结果,分别计算了8个经济区域与各省贸易往来比例,贸易总额指流入贸易和流出贸易总和,从重量角度和产品服务贸易总额角度分析省际贸易的空间流向。本章采用国家信息中心在编制《中国区域间投入产出表》时对区域的划分方法,将我国(不包括港澳台)划分为8个经济区域:东北区域(黑龙江、吉林和辽宁)、京津区域(北京和天津)、北部沿海区域(河北和山东)、东部沿海区域(江苏、上海和浙江)、南部沿海区域(福建和广东)、中部区域(山西、河南、安徽、湖北、湖南和江西)、西北区域(内蒙古、陕西、宁夏、甘肃、青海和新疆)、西南区域(四川、广西、云南和贵州)。1993年和2017年8个经济区域与各省份的省际贸易空间联系如表3.2所示,8个经济区域与其他省份的货物运输量比例、产品服务贸易额比例由高到低的排列。

从货物运输量角度来看,区域间货物交流呈现以下特点:首先,从经济区域内部来看,除了京津地区、北部沿海地区以及中部地区以外,1993年和2017年各经济区域的最大贸易伙伴省均在其所属区域内部。这表明,这些区域内部的经济联系较为紧密,省份之间的货物交流频繁,体现出区域内经济合作的优势和互补性。例如,东北地区的辽宁、黑龙江和吉林省份之间的贸易联系尤为显著,货物运输量占据了区域内的主要份额。其次,从经济区域外部来看,8个经济区域中,东北地区、京津地区、北部沿海地区、东部沿海地区和南部沿海地区的区域外最大贸易伙伴省均未发生变化,其中,京津地区和北部沿海地区与最大贸易伙伴省的贸易份额还超过了经济区域内部省份的贸易份额。特别是京津地区与河北省之间的贸易联系在1993年至2017年期间一直保持强劲,甚至超过了京津地区内部的贸易比例。中部地区的外部最大贸易伙伴省由广东变为河北和山东,且贸易比例大幅度提高,表明中部地区与北部沿海和东部沿海地区的经济联系在不断加强。西北地区的外部最大贸易伙伴省由四川、河北变为江苏和辽宁,这显示了西北地区在贸易伙伴选择上的变化,可能是由于产业结构调整和市场需求的变化所致。最后,从经济区域内外贸易比例来看,1993年各经济区域内部贸易份额平均为53.28%,而2017年下降为49.91%。其中,东部沿海地区的内部贸易份额下降最多,从50.13%下降到29.81%,下降了40.54%,而该区域的区域外部最大的贸易伙伴为安徽,其贸易比例由1993年的6.65%上升为2017年的10.82%。这在一个侧面反映了各省各经济区域之间贸易联系有所增强,国内市场一体化程度有所提高。特别是东部沿海地区与安徽省的贸易联系大幅度增强,体现了区域经济合作的深化。相比之下,京津地区的内部贸易份额大幅度提高,从1993年的31.93%上升为2017年的49.24%,这可能反映了京津地区内部经济活动的

表 3.2 1993 年 8 个经济区域与其他省份贸易比例：基于货物运输量估算法

（单位：%）

东北		京津		北部沿海		东部沿海		南部沿海		中部		西北		西南	
辽宁	42.46	河北	23.36	山东	26.56	江苏	20.99	广东	26.12	河南	11.12	甘肃	17.89	四川	38.78
黑龙江	18.88	北京	21.61	河北	21.73	浙江	20.30	福建	12.45	湖南	11.08	内蒙古	13.69	云南	16.60
吉林	13.43	天津	10.33	山西	11.45	上海	8.84	湖南	10.25	湖北	10.76	陕西	12.45	广东	9.58
内蒙古	4.01	山西	9.18	天津	5.53	安徽	6.65	四川	4.82	安徽	10.48	新疆	11.55	广西	6.81
河北	3.59	辽宁	4.72	北京	5.28	山东	5.63	湖北	4.37	广东	7.64	江苏	4.67	贵州	5.34
广东	2.43	广东	4.19	江苏	3.95	河南	4.13	广西	3.50	河北	6.16	辽宁	3.94	湖北	3.61
山西	1.98	内蒙古	2.83	辽宁	3.37	江西	3.77	云南	3.28	江苏	6.02	宁夏	3.51	湖南	2.71
山东	1.78	河南	2.41	广东	2.59	广东	3.43	浙江	3.28	江西	5.32	河北	3.48	河南	1.98
北京	1.50	江苏	2.36	内蒙古	2.42	福建	3.33	上海	3.20	山西	4.68	四川	3.14	上海	1.58
江苏	1.46	山东	2.29	浙江	2.15	陕西	2.61	江苏	3.16	山东	3.62	黑龙江	2.70	浙江	1.51
天津	1.28	上海	2.01	上海	1.90	山西	2.54	贵州	3.05	浙江	3.01	青海	2.47	江苏	1.47
上海	1.12	黑龙江	1.69	河南	1.65	四川	1.98	河南	2.87	上海	2.94	广东	2.46	陕西	1.30
浙江	0.96	四川	1.65	黑龙江	1.60	辽宁	1.86	江西	2.40	四川	2.43	天津	2.38	河北	1.24
河南	0.82	浙江	1.48	湖北	1.49	河北	1.81	山东	2.36	广西	2.18	河南	1.93	辽宁	0.88

（续表）

东北		京津		北部沿海		东部沿海		南部沿海		中部		西北		西南	
四川	0.80	湖北	1.28	安徽	1.28	湖南	1.64	辽宁	2.29	北京	1.86	湖北	1.86	山东	0.81
湖北	0.57	吉林	1.22	吉林	1.23	北京	1.37	河北	2.17	福建	1.83	上海	1.62	江西	0.77
福建	0.52	湖南	1.01	湖南	0.95	云南	1.18	北京	1.81	辽宁	1.82	山西	1.51	甘肃	0.77
湖南	0.45	新疆	0.89	四川	0.85	湖北	1.16	安徽	1.59	天津	1.64	山东	1.48	山西	0.68
安徽	0.31	福建	0.88	福建	0.82	黑龙江	1.07	黑龙江	1.28	陕西	1.18	吉林	1.25	北京	0.62
甘肃	0.30	陕西	0.85	广西	0.69	广西	0.99	陕西	1.18	云南	1.01	浙江	1.22	天津	0.53
广西	0.29	甘肃	0.82	江西	0.65	天津	0.92	天津	1.02	贵州	0.61	北京	1.17	福建	0.49
云南	0.24	安徽	0.67	云南	0.54	甘肃	0.90	山西	0.96	内蒙古	0.52	云南	0.90	新疆	0.49
陕西	0.20	云南	0.61	陕西	0.36	吉林	0.88	吉林	0.94	甘肃	0.50	湖南	0.83	安徽	0.41
新疆	0.20	广西	0.53	甘肃	0.34	新疆	0.67	甘肃	0.59	黑龙江	0.48	安徽	0.68	黑龙江	0.33
宁夏	0.14	宁夏	0.48	新疆	0.25	内蒙古	0.52	新疆	0.50	吉林	0.45	福建	0.49	吉林	0.29
江西	0.12	江西	0.25	贵州	0.16	贵州	0.49	内蒙古	0.35	新疆	0.42	广西	0.37	内蒙古	0.18
贵州	0.09	贵州	0.20	宁夏	0.10	青海	0.23	青海	0.12	青海	0.18	江西	0.26	青海	0.15
青海	0.08	青海	0.19	青海	0.10	宁夏	0.12	宁夏	0.08	宁夏	0.06	贵州	0.12	宁夏	0.09

表3.3　2017年8个经济区域与其他省份贸易比例:基于货物运输量估算法　　　　(单位:%)

东北		京津		北部沿海		东部沿海		南部沿海		中部		西北		西南	
辽宁	48.22	天津	47.82	山西	41.04	浙江	17.65	广东	23.68	河北	19.24	新疆	15.31	四川	24.76
黑龙江	15.83	河北	21.45	山东	18.96	江苏	11.71	福建	17.57	安徽	10.72	甘肃	13.26	贵州	20.71
内蒙古	14.80	内蒙古	10.70	河北	15.48	安徽	10.82	湖南	8.69	河南	9.54	内蒙古	10.77	云南	14.32
吉林	9.53	山西	7.79	内蒙古	4.82	河南	10.60	广西	8.58	湖南	7.86	陕西	8.81	广西	10.70
山西	2.28	辽宁	2.10	陕西	4.10	山西	9.31	江西	8.40	山东	7.76	四川	6.06	陕西	4.86
河北	1.35	新疆	1.90	天津	3.23	陕西	7.54	贵州	7.52	山西	6.66	河北	4.50	广东	4.75
四川	1.22	北京	1.42	河南	2.74	新疆	6.13	云南	5.66	江西	5.57	山东	4.18	河南	2.28
河南	0.97	宁夏	1.15	新疆	0.93	江西	5.28	河南	3.45	湖北	5.47	河南	4.10	新疆	2.19
贵州	0.57	四川	0.81	四川	0.92	甘肃	3.16	四川	3.26	江苏	4.87	宁夏	3.52	湖北	1.97
宁夏	0.53	甘肃	0.75	北京	0.87	四川	2.75	新疆	3.11	陕西	4.53	辽宁	3.47	甘肃	1.95
云南	0.52	吉林	0.69	江苏	0.79	山东	2.53	湖北	1.98	四川	2.31	江苏	3.14	湖南	1.82
安徽	0.50	山东	0.61	宁夏	0.78	云南	2.31	甘肃	1.51	广东	2.16	青海	3.02	宁夏	1.26
湖北	0.47	陕西	0.47	辽宁	0.73	宁夏	1.96	陕西	0.91	贵州	1.58	湖北	2.53	山西	1.22
天津	0.46	黑龙江	0.35	安徽	0.63	青海	1.27	宁夏	0.82	新疆	1.36	黑龙江	2.40	山东	1.00

（续表）

东北		京津		北部沿海		东部沿海		南部沿海		中部		西北		西南	
北京	0.40	河南	0.34	湖北	0.58	河北	1.00	安徽	0.77	甘肃	1.34	吉林	2.38	江西	0.88
山东	0.39	广东	0.22	甘肃	0.52	湖南	0.83	山西	0.74	浙江	1.28	天津	1.99	江苏	0.79
湖南	0.34	云南	0.20	云南	0.49	贵州	0.74	浙江	0.71	福建	1.27	云南	1.58	河北	0.66
陕西	0.27	浙江	0.19	贵州	0.43	广东	0.66	山东	0.52	广西	1.14	贵州	1.50	黑龙江	0.64
江苏	0.26	湖北	0.19	青海	0.39	湖北	0.59	江苏	0.39	辽宁	1.14	山西	1.41	福建	0.47
浙江	0.20	青海	0.19	江西	0.37	福建	0.52	河北	0.37	天津	0.87	湖南	1.24	吉林	0.46
江西	0.19	湖南	0.19	湖南	0.25	吉林	0.47	上海	0.29	云南	0.79	江西	1.06	浙江	0.45
青海	0.15	安徽	0.12	黑龙江	0.24	上海	0.45	吉林	0.24	青海	0.58	广东	0.99	青海	0.45
新疆	0.15	江苏	0.12	吉林	0.22	内蒙古	0.44	青海	0.23	内蒙古	0.50	浙江	0.89	安徽	0.35
甘肃	0.13	贵州	0.08	浙江	0.14	黑龙江	0.43	辽宁	0.18	宁夏	0.48	安徽	0.83	内蒙古	0.31
福建	0.10	江西	0.07	广东	0.14	辽宁	0.34	北京	0.16	吉林	0.44	广西	0.42	辽宁	0.29
广东	0.08	上海	0.06	福建	0.08	广西	0.27	内蒙古	0.14	黑龙江	0.34	上海	0.33	上海	0.25
上海	0.06	广西	0.02	广西	0.08	天津	0.13	黑龙江	0.09	上海	0.13	福建	0.22	天津	0.09
广西	0.04	福建	0.02	上海	0.06	北京	0.11	天津	0.02	北京	0.09	北京	0.13	北京	0.09

增长和政策导向的影响。总的来说,通过货物运输量数据的对比分析,可以看出中国各经济区域的贸易联系呈现出区域化和一体化的双重特点。区域内的经济联系依旧强劲,但区域间的经济互动也在不断加强,显示出国内市场一体化的进程在稳步推进。然而,不同经济区域在贸易伙伴选择和贸易比例上的变化,也反映出区域经济发展的差异和动态变化。这种动态性和差异性需要在制定经济政策时予以充分考虑,以便进一步促进区域经济的协调发展,提升全国市场的整体效率和竞争力。

从产品和服务贸易角度来看,区域间贸易呈现以下几个特点:首先,从经济区域内部来看,从 1993 年到 2017 年,中国各经济区域内部贸易联系较强,1993 年和 2017 年 8 个经济区域平均区域内贸易比例均为 54% 左右。1993 年各经济区域内部贸易份额占总量的33.19%—71.39%,2017 年区域内贸易比例为 25.22%—70.15%,其中,东北地区、北部沿海地区、东部沿海地区和西南地区一直保持较高的比重,区域内贸易比重均超过 50%。京津区域内部贸易比例由1993 年的 33.81% 增加到 2017 年的 56.23%,南部沿海区域内部贸易比例由 48.72% 增加到 70.15%,经济区域内部贸易联系紧密,贸易本地偏好程度较高。其次,从经济区域外部来看,对比 1993 年和 2017年计算结果,8 个经济区域中,京津区域、南部沿海、西北地区、西南地区的区域外最大贸易伙伴省份均未发生变化。东北地区最大贸易伙伴省由广东变为临近的北京和内蒙古,北部沿海地区最大贸易伙伴由江苏变为北京和山西,中部地区与江苏的贸易活动极为活跃。最后,从经济区域内外贸易比例来看,8 个经济区域内有 5 个区域的内部贸易比例有所降低,其中西北地区下降最多,由 1993 年的 53.37%下降到 2017 年的 25.22%,下降了 52.74%,江苏、山东和上海的贸易

比例甚至超过了西北区域内部省份。与此同时,我们必须要看到仍
有部分地区的内部贸易份额有大幅度提高,京津地区区域内部贸易
比例从 1993 年的 33.81％上升为 2017 年 56.23％,南部沿海地区的
贸易比例由 48.72％上升为 70.15％。总而言之,从总体来看我国各
经济区域之间的贸易联系有明显的提高,但是个别区域的贸易分割
状态依旧严重。

　　从产品和服务贸易角度来看,区域间贸易呈现以下几个特点:首
先,从经济区域内部来看,从 1993 年到 2017 年,中国各经济区域内
部贸易联系较为紧密。1993 年和 2017 年这两个时间点的数据显示,
8 个经济区域的平均区域内贸易比例均约为 54％。具体而言,1993
年各经济区域内部贸易份额占总量的 33.19％至 71.39％不等,而到
2017 年,这一比例变为 25.22％至 70.15％。其中,东北地区、北部沿
海地区、东部沿海地区和西南地区的内部贸易比重一直保持在较高
水平,均超过 50％。尤其是京津区域,内部贸易比例由 1993 年的
33.81％增加到 2017 年的 56.23％;南部沿海区域的内部贸易比例从
48.72％增加到 70.15％,显示出这些区域内部贸易联系十分紧密,贸
易本地偏好程度较高。其次,从经济区域外部来看,对比 1993 年和
2017 年的计算结果可以发现,8 个经济区域中,京津区域、南部沿海
地区、西北地区和西南地区的区域外最大贸易伙伴省份均未发生变化。
这显示了这些地区与其主要贸易伙伴省份之间的贸易联系的稳定
性。例如,东北地区的最大贸易伙伴省由广东变为邻近的北京和内
蒙古;北部沿海地区的最大贸易伙伴省份则由江苏变为北京和山西;
中部地区则显示出与江苏的贸易活动极为活跃。这些变化反映了不同
区域在经济结构和贸易联系上的动态调整与优化。最后,从经济区
域内外贸易比例来看,8 个经济区域中有 5 个区域的内部贸易比例有

表3.4　1993年8个经济区域与其他省份贸易比例：基于运输量分布系数法　　（单位：%）

东北		京津		北部沿海		东部沿海		南部沿海		中部		西北		西南	
辽宁	34.43	北京	24.29	山东	46.70	江苏	28.48	广东	33.42	河南	14.04	新疆	16.36	四川	31.58
黑龙江	22.80	河北	18.37	河北	11.11	浙江	16.82	福建	14.62	湖北	12.40	陕西	16.27	广东	14.70
吉林	14.02	天津	8.54	江苏	6.70	上海	11.10	湖南	7.72	广东	11.38	甘肃	8.91	广西	11.69
广东	3.67	广东	7.15	山西	3.94	山东	6.80	湖北	4.13	湖南	9.00	内蒙古	8.73	云南	11.12
山东	3.15	山西	5.06	北京	3.67	安徽	4.84	上海	3.96	江苏	8.17	江苏	8.53	贵州	5.97
内蒙古	3.13	江苏	4.14	广东	3.44	河南	4.19	广西	3.89	安徽	7.68	广东	4.28	湖北	4.02
河北	3.08	山东	3.68	上海	3.09	广东	4.19	江苏	3.89	江西	5.79	四川	3.24	湖南	2.77
江苏	2.54	辽宁	3.66	天津	2.75	福建	3.91	四川	3.30	上海	4.18	上海	2.97	河南	2.43
上海	1.77	河南	3.35	浙江	2.57	江西	3.03	浙江	2.88	山东	4.11	宁夏	2.83	上海	2.37
北京	1.71	上海	3.19	河南	1.98	陕西	2.31	河南	2.77	浙江	3.19	辽宁	2.75	江苏	2.21
浙江	1.27	内蒙古	2.25	辽宁	1.92	四川	1.46	山东	2.65	广西	2.79	青海	2.56	浙江	1.71
山西	1.20	浙江	1.80	湖北	1.47	山西	1.28	贵州	2.53	福建	2.55	河南	2.49	陕西	1.26
河南	1.14	黑龙江	1.78	黑龙江	1.38	湖南	1.17	云南	2.16	河北	2.44	湖北	2.37	山东	1.22
天津	1.10	湖北	1.61	安徽	1.29	河北	1.12	江西	2.14	四川	2.19	山东	2.29	河北	0.94

（续表）

东北		京津		北部沿海		东部沿海		南部沿海		中部		西北		西南	
福建	0.85	四川	1.58	福建	1.22	辽宁	1.11	北京	1.42	山西	2.15	河北	2.25	江西	0.87
四川	0.80	福建	1.47	内蒙古	1.22	北京	1.11	河北	1.30	北京	1.34	天津	2.07	福建	0.70
湖北	0.75	新疆	1.33	吉林	0.98	广西	1.06	辽宁	1.23	陕西	1.18	黑龙江	1.92	辽宁	0.64
广西	0.47	吉林	1.18	广西	0.82	湖北	1.01	安徽	1.10	辽宁	0.99	浙江	1.74	北京	0.60
湖南	0.45	陕西	1.05	湖南	0.80	新疆	0.88	陕西	0.97	天津	0.89	北京	1.25	新疆	0.59
安徽	0.30	湖南	0.99	江西	0.76	黑龙江	0.75	黑龙江	0.81	云南	0.80	山西	1.11	山西	0.58
新疆	0.26	广西	0.77	四川	0.67	云南	0.74	天津	0.70	贵州	0.64	吉林	0.89	甘肃	0.40
陕西	0.24	安徽	0.66	陕西	0.39	天津	0.59	吉林	0.60	新疆	0.49	福建	0.83	天津	0.38
甘肃	0.19	甘肃	0.49	云南	0.33	吉林	0.59	山西	0.59	黑龙江	0.45	湖南	0.83	安徽	0.37
云南	0.19	云南	0.46	新疆	0.28	甘肃	0.43	新疆	0.55	吉林	0.32	云南	0.76	黑龙江	0.29
江西	0.15	宁夏	0.41	甘肃	0.19	贵州	0.40	甘肃	0.29	内蒙古	0.31	安徽	0.69	吉林	0.25
宁夏	0.13	江西	0.31	贵州	0.15	内蒙古	0.34	内蒙古	0.21	甘肃	0.29	广西	0.62	青海	0.15
贵州	0.10	贵州	0.23	青海	0.10	青海	0.19	青海	0.10	青海	0.18	江西	0.30	内蒙古	0.14
青海	0.09	青海	0.21	宁夏	0.09	宁夏	0.10	宁夏	0.06	宁夏	0.05	贵州	0.14	宁夏	0.08

表3.5 2017年8个经济区域与其他省份贸易比例：基于运输量分布系数法

（单位：%）

东北		京津		北部沿海		东部沿海		南部沿海		中部		西北		西南	
辽宁	26.96	北京	36.82	山东	46.24	浙江	39.45	广东	46.94	江苏	13.80	江苏	18.64	四川	28.53
黑龙江	23.21	天津	17.41	北京	9.64	江苏	20.34	福建	23.74	湖南	12.20	陕西	8.52	广东	17.90
吉林	16.20	河北	15.66	山西	7.70	河南	6.89	湖南	5.89	湖北	10.81	山东	7.83	云南	9.70
内蒙古	7.58	上海	5.37	河北	7.30	安徽	4.28	广西	3.64	广东	10.55	内蒙古	6.26	广西	8.86
北京	6.24	广东	3.33	河南	6.32	上海	4.07	江西	3.52	河南	10.53	新疆	6.04	贵州	5.92
上海	2.18	山东	2.89	江苏	4.63	陕西	3.08	上海	3.16	安徽	7.57	河南	5.66	上海	5.55
河南	2.17	内蒙古	2.72	陕西	3.38	江西	2.99	云南	1.98	山东	5.60	上海	5.62	湖北	3.85
四川	1.98	四川	2.08	天津	2.37	广东	2.84	湖北	1.92	江西	4.98	四川	5.03	江苏	2.88
江苏	1.78	河南	1.97	上海	1.51	四川	2.45	河南	1.62	浙江	4.43	湖北	4.68	湖南	2.48
湖北	1.62	吉林	1.83	湖北	1.38	山东	1.84	四川	1.61	福建	3.75	广东	3.48	河南	2.38
浙江	1.56	辽宁	1.79	四川	1.30	福建	1.69	浙江	1.34	上海	2.89	甘肃	3.43	陕西	2.01
河北	1.17	浙江	1.63	安徽	1.01	北京	1.48	贵州	1.26	四川	2.26	浙江	3.12	浙江	1.88
山东	1.00	江苏	1.10	浙江	0.88	山西	1.28	北京	0.84	陕西	2.10	天津	2.36	山东	1.33
安徽	0.99	山西	1.10	内蒙古	0.84	云南	1.24	江苏	0.64	河北	1.44	黑龙江	2.07	北京	1.23

（续表）

东北		京津		北部沿海		东部沿海		南部沿海		中部		西北		西南	
湖南	0.86	湖南	0.77	广东	0.83	新疆	1.16	新疆	0.42	北京	1.14	北京	1.90	福建	0.86
云南	0.74	湖北	0.63	新疆	0.63	湖南	0.95	山东	0.32	广西	1.13	吉林	1.86	江西	0.78
福建	0.69	黑龙江	0.58	江西	0.56	湖北	0.84	安徽	0.25	贵州	0.80	青海	1.77	新疆	0.73
天津	0.55	新疆	0.56	云南	0.52	甘肃	0.49	陕西	0.22	山西	0.74	宁夏	1.71	甘肃	0.48
广东	0.50	云南	0.27	湖南	0.50	河北	0.48	甘肃	0.16	云南	0.68	湖南	1.66	吉林	0.48
贵州	0.42	陕西	0.26	福建	0.40	吉林	0.37	河北	0.14	新疆	0.51	辽宁	1.53	河北	0.47
山西	0.41	安徽	0.24	宁夏	0.34	宁夏	0.35	吉林	0.10	吉林	0.50	河北	1.47	黑龙江	0.44
陕西	0.37	宁夏	0.23	辽宁	0.31	青海	0.27	宁夏	0.07	甘肃	0.34	云南	1.31	安徽	0.31
江西	0.36	江西	0.18	黑龙江	0.28	黑龙江	0.25	山西	0.06	黑龙江	0.33	江西	0.88	宁夏	0.28
宁夏	0.17	甘肃	0.17	吉林	0.27	天津	0.25	辽宁	0.04	青海	0.27	安徽	0.76	山西	0.17
青海	0.09	福建	0.17	甘肃	0.26	贵州	0.23	黑龙江	0.04	辽宁	0.21	贵州	0.74	青海	0.16
新疆	0.09	青海	0.09	贵州	0.25	广西	0.19	青海	0.03	内蒙古	0.17	山西	0.65	辽宁	0.14
甘肃	0.05	贵州	0.07	青海	0.24	内蒙古	0.15	内蒙古	0.03	天津	0.14	福建	0.60	内蒙古	0.12
广西	0.04	广西	0.06	广西	0.11	辽宁	0.11	天津	0.01	宁夏	0.14	广西	0.40	天津	0.10

所降低,这表明这些区域与外部的贸易联系在增强。其中,西北地区的内部贸易比例下降最为显著,从 1993 年的 53.37% 下降到 2017 年的 25.22%,下降了 52.74%。这一变化表明,西北地区与江苏、山东和上海等省份的贸易联系甚至超过了区域内部省份的联系。同时,也有部分地区的内部贸易份额显著提高,如京津地区的区域内部贸易比例从 1993 年的 33.81% 上升到 2017 年的 56.23%;南部沿海地区的贸易比例从 48.72% 上升到 70.15%。这些数据表明,尽管总体上中国各经济区域之间的贸易联系显著增强,但某些区域的内部贸易仍然占据较大比重,显示出区域内经济活动的活跃。总而言之,从总体来看,我国各经济区域之间的贸易联系在过去二十多年中有了明显的提高,这反映了国内市场一体化程度的逐步提升。然而,个别区域的贸易分割状态依旧存在,这要求在制定政策时,需针对不同区域的具体情况,进一步推动区域经济协调发展,打破区域经济的相对封闭状态,实现更广泛的经济一体化。

总而言之,无论是从货物运输量角度还是从产品服务贸易角度进行分析,中国区域间贸易的空间联系均表现出以下几个共同特点:首先,相比于不同区域之间的贸易,各经济区域内部的贸易比例普遍更高,这表明各区域内的经济联系相对更为紧密。其次,各经济区域在进行区域外部贸易时,主要贸易对象多为周围邻近的省份,这种地理上的邻近性进一步强化了区域间的经济互动与联系。最后,各经济区域之间的贸易联系在过去有所加强,反映出国内市场一体化程度的逐步提高。这意味着,中国的国内贸易网络日益紧密,各区域之间的经济合作和交流不断增加,整体经济呈现出更加一体化的发展趋势。

四、初级产品与制造业产品贸易空间分布

本小节基于单一点估算法的结果,考察中国各区域初级产品和制造业产品贸易在各个区域的空间分布、国内贸易总额、区域内贸易总额、区域间贸易额以及国际贸易额,如表 3.6 和表 3.7 所示。其中,空间分布比例是按照各经济区域贸易流出额与流入额之和计算而来,贸易总量指包括区域内贸易和区域外贸易在内的国内贸易,区域内贸易指区域内部的贸易流出额与流入额之和,流出额指本区域流向其他区域的贸易额,流入额指其他区域流向本地的贸易额。

表 3.6 展示了中国 8 个经济区域初级产品贸易的空间分布格局、国内贸易额以及国际贸易额的详细情况。首先,从国内贸易的角度来看,中部地区的初级产品贸易额一直保持在较高水平,而西部地区的贸易额在全国总贸易额中的比例有所提高,京津地区的初级产品贸易额则始终为全国最低水平。具体来看,1992 年中部地区的初级产品国内贸易总额为 0.65 万亿元,其中区域内贸易额为 0.42 万亿元,区域间贸易额为 0.23 万亿元;到了 2017 年,总贸易额增加至 47 万亿元,其中区域内贸易额为 13.33 万亿元,区域外贸易额为 33.67 万亿元,显示出中部地区一直是全国初级产品贸易最为活跃的地区。再看西北地区,1992 年其初级产品贸易额为 0.21 万亿元,占全国的8.44％;到 2017 年,这一数值增加至 11.41 万亿元,占全国初级产品贸易额的 22.37％,使西北地区成为全国第二大初级产品贸易区域。西南地区的初级产品贸易总额虽然一直保持在较高水平,但其区域内贸易比例较高,1992 年西南地区的贸易总额为 0.37 万亿元,区域内贸易比例为 72.22％;到 2017 年,贸易总额增至 10.07 万亿元,区域

表 3.6 8个经济区域初级产品贸易空间分布与贸易额

年份	经济区域	贸易空间分布（%）								贸易额（万亿元）						
		东北	京津	北部沿海	东部沿海	南部沿海	中部	西北	西南	国内贸易总额	区域内贸易额	流出	流入	出口	进口
1992年	东北	79.71	0.59	10.07	3.59	0.05	2.96	2.49	0.54	0.370	0.295	0.037	0.038	0.016	0.002
	京津	3.47	64.08	13.35	3.75	0.91	9.58	1.69	3.19	0.063	0.040	0.013	0.010	0.002	0.001
	北部沿海	13.16	2.95	51.27	8.73	1.40	14.26	5.24	2.98	0.283	0.145	0.093	0.045	0.010	0.001
	东部沿海	5.78	1.02	10.75	53.50	6.59	14.92	3.89	3.54	0.230	0.123	0.047	0.060	0.004	0.006
	南部沿海	0.08	0.21	1.48	5.69	51.38	27.03	2.29	11.83	0.266	0.137	0.055	0.075	0.007	0.005
	中部	1.70	0.93	6.26	5.32	11.17	65.01	2.94	6.67	0.645	0.419	0.115	0.110	0.004	0.001
	西北	4.48	0.52	7.22	4.35	2.97	9.23	67.12	4.12	0.205	0.138	0.034	0.033	0.001	0.001
	西南	0.53	0.54	2.27	2.19	8.45	11.54	2.27	72.22	0.373	0.269	0.039	0.064	0.002	0.001
2017年	东北	62.72	0.57	17.31	4.29	0.08	5.15	8.81	1.06	3.418	2.144	0.579	0.696	0.027	0.275
	京津	2.22	77.29	8.79	1.07	0.36	4.25	3.31	2.71	0.879	0.679	0.107	0.092	0.005	0.179
	北部沿海	13.61	1.78	51.33	5.33	0.87	16.76	6.70	3.62	4.348	2.232	1.387	0.730	0.049	0.862
	东部沿海	8.06	0.52	12.72	42.52	5.38	18.66	6.67	5.47	1.822	0.775	0.468	0.579	0.021	0.656
	南部沿海	0.11	0.13	1.60	4.14	43.91	30.94	2.85	16.33	2.370	1.041	0.633	0.696	0.036	0.523
	中部	1.05	0.22	4.36	2.04	4.39	79.84	2.97	5.12	16.703	13.336	1.591	1.776	0.029	0.172
	西北	2.64	0.26	2.55	1.06	0.59	4.35	86.35	2.20	11.414	9.856	0.909	0.649	0.010	0.150
	西南	0.36	0.24	1.56	0.99	3.84	8.48	2.49	82.04	10.075	8.265	0.677	1.132	0.023	0.263

表 3.7　8个经济区域制造业产品贸易空间分布与贸易额

年份	经济区域	贸易空间分布（%）								贸易额（万亿元）					
		东北	京津	北部沿海	东部沿海	南部沿海	中部	西北	西南	国内贸易总额	区域内贸易额	流出	流入	出口	进口
1992年	东北	90.74	1.81	2.23	2.43	0.11	1.36	0.92	0.39	1.220	1.107	0.045	0.068	0.031	0.030
	京津	2.99	81.95	5.69	2.82	0.51	2.35	2.45	1.23	0.741	0.607	0.062	0.072	0.023	0.038
	北部沿海	3.71	5.76	76.44	4.76	0.57	4.79	2.07	1.91	0.732	0.560	0.102	0.070	0.020	0.022
	东部沿海	1.32	0.93	1.55	85.69	1.23	5.36	1.67	2.25	2.245	1.924	0.214	0.107	0.085	0.076
	南部沿海	0.15	0.41	0.45	2.96	83.71	6.11	0.63	5.58	0.933	0.781	0.086	0.066	0.201	0.193
	中部	1.09	1.14	2.30	7.90	3.74	79.51	1.21	3.10	1.523	1.211	0.138	0.174	0.023	0.021
	西北	1.65	2.67	2.22	5.49	0.87	2.70	82.14	2.26	0.681	0.559	0.050	0.072	0.008	0.011
	西南	0.24	0.46	0.70	2.53	2.61	2.36	0.77	90.34	2.000	1.806	0.063	0.130	0.015	0.014
2017年	东北	85.90	1.84	4.51	2.13	0.19	2.83	1.99	0.62	12.581	10.807	0.849	0.925	0.378	0.317
	京津	1.75	78.50	7.58	1.84	0.35	3.90	4.32	1.75	13.183	10.348	1.390	1.445	0.461	0.989
	北部沿海	1.08	1.90	85.27	2.74	0.52	5.40	1.71	1.38	52.738	44.972	4.174	3.592	1.302	0.436
	东部沿海	0.45	0.41	2.45	80.36	1.79	10.81	1.54	2.18	59.083	47.479	6.989	4.615	5.597	3.518
	南部沿海	0.06	0.12	0.72	2.78	82.23	8.41	0.50	5.18	38.181	31.394	3.701	3.086	5.178	2.755
	中部	0.30	0.44	2.42	5.43	2.73	85.50	0.96	2.21	117.582	100.538	8.096	8.948	1.076	0.500
	西北	1.25	2.84	4.50	4.54	0.95	5.63	77.42	2.87	20.078	15.544	2.008	2.526	0.331	0.160
	西南	0.09	0.28	0.87	1.55	2.38	3.12	0.69	91.00	83.070	75.597	2.700	4.773	0.680	0.434

内贸易比例增至 82.04％。相比之下,京津地区的初级产品贸易额一直处于全国较低水平。其次,从国际贸易的角度来看,沿海地区在初级产品的国际贸易方面展现出明显的地理优势。1992 年,东北地区初级产品的进出口总额为 0.019 万亿元,位居全国第一,北部沿海、南部沿海和东部沿海地区分别位居第二至第四位。到 2017 年,北部沿海地区的初级产品进出口总额达到了 0.91 万亿元,东部沿海地区为 0.67 万亿元,南部沿海地区为 0.56 万亿元,这些沿海地区成为全国初级产品国际贸易最活跃的区域。

表 3.7 展示了中国 8 个经济区域制造业产品贸易的空间分布格局、国内贸易额以及国际贸易额的详细情况。从国内贸易的角度来看,东部沿海地区和中部地区是国内制造业产品贸易的中心。1992 年,东部沿海地区的制造业产品贸易最为活跃,贸易总额达到了 2.25 万亿元,其中区域间贸易额为 0.32 万亿元。这一数据表明东部沿海地区在早期阶段就已经具备了强大的制造业基础。到了 2017 年,中部地区成为制造业产品贸易最为活跃的地区,贸易总额高达 117.58 万亿元,其中区域间贸易额为 17.04 万亿元,显示出该地区在制造业领域的快速发展和扩张。此外,西南地区的制造业产品贸易额也保持在较高水平,但其区域内贸易比例一直保持在90％左右,这反映出该地区内部市场的自给自足能力较强。从国际贸易的角度来看,东部沿海地区和南部沿海地区一直是制造业产品贸易额最大的区域,体现出这两个地区在国际市场中的重要地位。1992 年,东部沿海地区和南部沿海地区的制造业产品进出口总额占全国的 68.43％,显示出其在国际贸易中的主导地位。到 2017 年,这一比例进一步增加至70.7％,表明这些沿海地区在全球制造业贸易中的份额和影响力不断扩大。相较之下,西北地区的制造业产品国际贸易份额始终较低,

1992 年和 2017 年均仅占全国的 2％左右,这说明西北地区在制造业国际贸易中所占的比例相对较小,可能是由于地理位置、基础设施和经济发展水平等多方面因素的限制。

通过以上分析,我们发现中国各经济区域在初级产品和制造业产品的国内贸易和国际贸易中呈现以下特点:

第一,各经济区域内部贸易比例显著高于区域间贸易比例,且制造业产品的内部贸易比例高于初级产品的内部贸易比例。从 1992 年到 2017 年,无论是初级产品还是制造业产品,各区域的内部贸易比例远远高于区域间贸易比例。整体而言,西南地区的区域内部贸易比例较高,1992 年初级产品和制造业产品的区域内部贸易比例平均为 81.28％,2017 年增加至 86.52％。相比之下,北部沿海地区的内部贸易比例最低,1992 年初级产品和制造业产品的区域内部贸易比例为 63.86％,2017 年上升到 68.3％。同时,初级产品的区域内部贸易比例低于制造业产品的内部贸易比例。从 1992 年到 2017 年,全国初级产品的区域内部贸易比例保持在 64％左右,而制造业产品的区域内部贸易比例则高达 83％左右,这反映了制造业产品更依赖于区域内市场,而初级产品则在更大程度上通过区域间贸易进行流通。

第二,相比于国际贸易,各区域的国内贸易比例显著较高。1992 年和 2017 年,初级产品外贸进出口总额在各省国内贸易总额和进出口贸易合计中所占比例从 2.52％上升到 6.04％,制造业产品的外贸进出口比例则从 7.45％下降到 5.73％。由此可见,各区域不仅区域内部贸易比例高于区域间贸易比例,国内贸易比例也高于国际贸易比例,尤其是初级产品的国内贸易比例高于制造业产品的国内贸易比例。

第三,经济区域之间的贸易联系增强不明显。初级产品的区域内部贸易比例由 1992 年的 63.04％上升为 2017 年的 65.75％,而制造业产品的区域内部贸易比例则从 83.82％下降到 83.27％。虽然制造业产品的区域间贸易联系有所增强,但初级产品和全部产品的区域间贸易联系有所降低,这表明区域之间的贸易联系整体增强并不显著,区域经济活动更多集中在内部市场,跨区域的经济联系尚需进一步强化。虽然部分地区的区域间贸易有所增加,但总体来看,区域间的贸易联系仍然较弱,经济活动更多依赖于区域内部的市场和资源。

第四,沿海地区的对外贸易规模显著较大,而内陆地区的国内贸易规模较大。1992 年沿海地区初级产品和制造业产品的进出口贸易额为 0.63 万亿元,占全国进出口贸易的 71.99％;中部地区和西部地区的进出口总额仅为 0.10 万亿元,占比为 11.59％。2017 年,沿海地区初级产品和制造业产品的进出口贸易额占比上升至 76.42％,而中部地区和西部地区的进出口总额占全国的 13.98％。从国内贸易角度来看,1992 年沿海地区初级产品和制造业产品的总贸易额为 4.69 万亿元,占国内贸易的 37.49％,而中部地区的国内贸易总额高达 5.43 万亿元,占比为 43.38％。到 2017 年,沿海地区的国内贸易总额占全国的 35.43％,而中部地区的占比高达 57.86％。由此可见,沿海地区在对外贸易中占据主导地位,而内陆地区虽然在国际贸易中所占比例较低,但其国内贸易比例一直很大,这表明国内贸易对内陆地区的经济影响更为重要。沿海地区依托其地理和经济优势,成为对外贸易的主要窗口,而内陆地区则主要依赖于国内市场,内部贸易活动更加频繁。

总而言之,国内贸易和国际贸易均集聚在沿海地区,沿海地区成为我国产业活动的集聚地。国内贸易呈现出区域化集中的特点,以沿海省份为贸易中心、内陆地区为外围的"中心—外围"贸易格局基本形成。这一格局反映了中国区域经济发展的不均衡性，也提示了未来区域经济协调发展的必要性和方向。通过进一步优化区域间的贸易联系，促进区域经济一体化，中国有望在未来实现更加均衡和可持续的经济发展。加强内陆地区与沿海地区的经济联系，提升内陆地区的对外贸易能力。

五、本章小结

本章基于第二章估算得到的省际贸易数据，从省际贸易规模的角度研究了我国统一国内大市场的问题，系统梳理了 1992—2017 年分省份、分部门的省际贸易和国际贸易格局的演变，并从侧面讨论了我国国内贸易市场整合程度的变化趋势。这对于后续研究建设全国统一大市场、构建以国内大循环为主体的新发展格局，提供了重要的基础性依据。通过对数据的深入分析，本章得出了一些关键结论：首先，相比于国际贸易，各省和各区域的国内贸易比例较高，初级产品的国内贸易比例高于制造业产品；与此同时，相比于区域间贸易，各省和各地区的区域内部贸易比例较高，制造业产品的区域内部贸易比例高于初级产品。其次，各区域内部贸易比例有提高的趋势，区域之间的贸易比例有下降趋势，这从侧面反映了区域之间贸易联系的紧密程度有所下降。再次，货物贸易中心从东部地区向中西部地区转移，产品服务贸易一直集中在东部地区，国际贸易对沿海区域影响较大，而国内贸易对内陆省份的影响更加重要。最后，我国国内贸易和国际贸易形成了以沿海省份为贸易中心、内陆地区为外围的"中心—外围"贸易格局，国内贸易主要集中在北部、东部以及南部沿海地区。从净流出贸易来看，北部沿海地区是国内初级产品净流出中心,东部和南部沿海地区为国内制造业产品贸易中心。同时,北部、东部以及南部沿海地区也是进出口贸易的中心。因此,我国的国内贸易和国际贸易都集中在沿海区域,以沿海省份为贸易中心,呈现出明显的区域化贸易特点。这些结论为理解我国国内贸易格局的动态变化及其影响因素提供了新的视角,并为进一步推动全国统一大市场的建设和区域经济协调发展提供了重要参考。

本章的研究具有重要的理论价值和应用价值,主要体现在以下几个方面:第一,本章对长序列年份分省份、分部门的省际贸易联系进行了系统的分析。这种长时间跨度的数据分析,使得我们能够深入了解国内贸易的动态变化。通过对 1992 年至 2017 年间的数据进行细致分析,能够捕捉到不同省份在经济发展过程中贸易联系的变化趋势,从而揭示区域经济整合的进程和特点。第二,本章分别从货物贸易、产品服务贸易以及部门贸易的角度展开讨论。这种多维度的对比分析方法,有助于更加全面地了解地区之间的贸易联系。货物贸易和产品服务贸易反映了不同类型经济活动的流动情况,而部门贸易则揭示了各个经济部门之间的具体联系。通过综合这些角度的分析,我们可以全面地了解各省份之间在不同层次上的贸易互动,提供了一个更为立体的贸易关系图景。第三,本章主要从省际贸易规模和比例的角度展开分析,为发展后续相关研究提供了重要的基础性成果。通过对各省之间贸易规模和比例的分析,能够识别出哪些省份在全国经济网络中处于核心地位,哪些省份的贸易联系较为薄弱。这些发现不仅为理解当前的经济格局提供了实证依据,也为未来的政策制定和经济研究指明了方向。通过这些全面而深入的分析,本章不仅丰富了我们对中国省际贸易动态变化的理解,也为推动区域经济协调发展和全国统一大市场的建设提供了宝贵的参考和指导。

第四章　中国国内贸易省级行政分割

　　在中国这样一个经济体量庞大、区域差异显著的国家,省际贸易作为连接不同地区经济活动的重要纽带,其发展状况直接影响着国家经济的整体表现和健康发展。随着我国经济的持续增长和市场经济体制的不断深化,如何打破行政区划带来的潜在贸易壁垒,促进省际贸易的自由流通,成为推动经济高质量发展的关键问题。本章聚焦我国国内贸易中的省级行政分割现象,探讨其背后的动因及其对国内贸易流动的深远影响。通过深入分析行政边界效应、省际贸易成本以及与之相关的经济因素,本书旨在揭示省际贸易分割的现状和趋势,为优化区域经济政策、促进国内市场一体化提供科学依据。这对于实现区域经济的均衡发展、提升国内市场的竞争力以及构建开放、高效的国内贸易体系具有重要的理论和实践价值。通过系统分析,不仅可以了解省级行政分割对经济活动的具体影响,还能为政策制定者提供有力的数据支持和科学依据,帮助制定更具针对性的政策措施,从而有效推进区域经济的协调发展和全国统一大市场的建设。这些研究成果不仅在学术上具有重要意义,还对实际政策的制定和执行提供了宝贵的参考,促进中国经济在高质量发展道路上稳步前行。

大量文献通过边界效应(Border Effects)来讨论市场分割问题。边界效应的研究起源于国际贸易领域,进而引申到国家内部区域间贸易领域,研究行政边界对贸易的影响。从国际贸易角度来看,McCallum(1995)开创性地将美国和加拿大之间的国际边界变量引入引力模型,发现加拿大国内贸易比美加两国国际贸易量高出 20 倍左右,由此可见国与国之间的行政边界对国际贸易往来有着显著的阻碍作用。自 McCallum(1995)的研究之后,大量文献开始讨论国际行政边界对国际贸易的影响,研究表明国际行政边界的存在导致各国国内贸易是国际贸易的 1.5—22 倍。例如,Wei(1996)发现 OECD 成员国内部贸易大约是该国与 OECD 其他国家国际贸易的 2.5 倍,Nitsch(2000)认为欧盟国家成员国的国内贸易大约是该国与其他欧盟国家国际贸易的 10 倍左右,Anderson et al.(2003)指出国家边界导致工业化国家间的贸易大约降低了 20%—50%,Helble(2007)的研究结果表明法国、德国的国内贸易额大约是其各自对欧盟其他国家贸易额的 8 倍和 13 倍。从国内贸易角度来看,尽管在国内贸易中不存在由于语言、货币、制度等差异造成的贸易壁垒,但是行政区划边界的存在类似于国际贸易中的国家边界,严重阻碍国内各个区域之间的贸易往来。Wolf(2000)根据 1993 年美国各州州内和州际商品流动调查数据指出美国各州之间的边界对美国的国内贸易有着一定的阻碍作用。Helliwell et al.(2000)在控制了人口规模和分布的基础之上,并采用人口加权平均距离作为省际贸易距离,发现加拿大国内贸易存在较大的省级行政边界效应。

大量文献使用边界效应研究中国省级行政边界对国内贸易的阻碍作用,然而对于市场分割的变化趋势并未得出一致的结论。一方面,一些学者认为改革开放以后中国各区域之间仍然存在较强的贸易壁垒。例如,Young(2000)通过分析 1952—1997 年我国五个行业的产出数据、价格差异数据和劳动力转移数据,发现各省产出结构有趋同的迹象,且区域间价格差异扩大,农业劳动力并没有根据比较优势进行转移,中国区域经济一体化程度正在降低。Poncet(2005)利用 1992 年和 1997 年中国 21 个部门贸易数据,分别估算了各部门、各地区边界效应,结果表明我国省际边界效应逐渐增大,国内区域经济一体化程度较低。行伟波等(2010)利用 2002 年投入产出数据对中国省际贸易壁垒进行实证检验,结果发现中国地区间贸易确实存在较大的本地偏好。另一方面,还有一些研究结果表明中国区域经济一体化程度逐渐提高。例如,Naughton(1999)根据 1992 年中国省级投入产出表研究中国各省各行业贸易流量,结果发现中国省际贸易流量不仅大而且产业内贸易在省际贸易中占主导地位,已经具备了较高的一体化水平。行伟波等(2009)利用"金税工程"数据库获取2003—2005 年中国省际贸易流量数据,并利用引力模型对中国省际贸易的边界效应进行实证检验,结果发现历年省际边界效应大约在4—6 之间,但是 2003—2005 年省际边界效应没有出现一致的变化趋势,我国已经具备较高的市场一体化水平。

除此之外,大量学者通过贸易数据检验各行业部门的边界效应。黄赜琳等(2006)在 Head et al.(2000)模型基础之上构建了地区间贸易的边界效应模型,通过对 1997 年我国各地区各行业国内贸易数据进行分析,发现 1997 年农业贸易领域的边界效应最高,其次是商业运输业、轻工业、采选业、重工业、建筑业和水电煤业等领域的边界效应较低。赵永亮等(2008)对区域间投入产出数据进行研究,结果发现 1997—2005 年间,商业运输业、轻工业和农业的保护程度最为严重,服务业、水电煤业、建筑业、采选业和重工业的保护程度相对较轻。行伟波等(2010)利用 2002 年投入产出数据对中国省际贸易壁垒进行实证检验,结果发现服务业和农业更偏好于在地区内部进行交易,制造业与其他行业相比边界效应较小。

与此同时,Head-Ries 贸易成本指数也被广泛应用于贸易壁垒的研究(Head and Ries, 2001; Albrecht and Tombe, 2016; Tombe and Zhu, 2019)。与边界效应相比,Head-Ries 贸易成本指数不仅可以测量各省份平均省际贸易壁垒,还可以明确的测量两省份之间的贸易成本。使用 Head-Ries 指数测量省际贸易成本可以剔除贸易规模、第三方对省际贸易成本的影响,同时贸易额平衡与否不影响贸易成本的测量(Tombe and Zhu, 2019)。除此之外,利用 Head-Ries 指数可以对降低贸易成本之后各省份的省际贸易比例进行反事实估计。然而,现有文献对于省级行政边界效应的讨论依旧停留在全国平均层面,对省级层面的行政边界效应讨论的相对较少。同时,受限于省际贸易数据,现有文献对省际贸易壁垒的研究时序相对较短,难以评价省际贸易壁垒的变化趋势。

在现有研究的基础之上,本章同时通过边界效应和贸易成本指数来讨论我国国内贸易行政分割问题,对影响行政分割的因素展开初步的分析,并对降低省级行政分割后的省际贸易进行反事实分析。结果显示,行政边界效应从 1992 年的 2.462 上升至 2002 年的 2.676,2007 年又下降至 2.030,最后在 2017 年上升至 2.526;省际贸易成本系数则由 1997 年的 2.1 下降到 2012 年的 1.7,再上升到 2017 年的 2.0;无论是行政边界效应还是省际贸易成本均呈现出 U 形变化趋势,从而反映出中国省级行政分割的变化并不是单一方向的,而是一个复杂的动态过程。不同省份之间的省际贸易成本同样存在很大的差异,经济欠发达省份如青海、宁夏面临较高的省际贸易成本,而经济较发达省份如广东、江苏的省际贸易成本相对较低。省际劳动力流动壁垒的下降、产业结构差异的存在,以及财政收支状况的恶化很可能是增加省际贸易成本和提高市场分割的重要因素。反事实分析显示,如果省际贸易成本降低 20%,将使得 2017 年省际贸易比例从 20%提高到 34%,省际贸易规模将上升 70%。本书的研究对深入理解中国国内大市场建设提供了一些较为重要的基础性成果。

本章余下部分结构安排如下:第一部分讨论中国省际行政边界效应,第二部分讨论中国省际贸易成本,第三部分对影响我国省际贸易壁垒的因素进行初步分析,第四部分对降低省际贸易壁垒后省际贸易变化进行反事实估计,第五部分是主要结论。

一、行政边界效应

本文首先借鉴现有文献研究(Anderson and Yotov,2010;Nitsch and Wolf,2013;Felbermayr and Gröschl,2014;Wrona,2018)构造如下计量模型,对我国国内贸易省级行政边界效应进行检验,以考察我国省级行政边界对国内贸易的阻碍作用:

$$t_t^{RS} = \alpha + \beta\,Home^{RS} + \gamma Adjacent^{RS} + \delta \ln D^{RS} + \lambda^R + \lambda^S + \varepsilon \quad (4.1)$$

其中,t_t^{RS} 表示 t 年从 R 省流入到 S 省的贸易总额。$Home^{RS}$ 代表省级行政边界变量,当 $R = S$ 时,即省内贸易,$Home^{RS} = 1$;当 $R \neq S$ 时,即省际贸易,$Home^{RS} = 0$,$Home^{RS}$ 回归系数 β 衡量了省级行政边界效应,即省级行政边界对国内贸易的阻碍作用,全国平均省内贸易是省际贸易的 e^{β} 倍。$Adjacent^{RS}$ 表示邻近变量,当 R 省和 S 省在地理上相邻时,$Adjacent^{RS} = 1$;反之,$Adjacent^{RS} = 0$,邻近变量一般对省际贸易有显著的正效应,其回归系数 γ 衡量了邻近效应,即全国平均邻近省份贸易是非邻近省份贸易的 e^γ 倍。D^{RS} 代表 R 省和 S 省之间的贸易成本,本书选择两省省会城市之间的球面距离代表贸易成本(Nitsch and Wolf,2013;Felbermayr and Gröschl,2014;Wrona,2018),球面距离不随时间和运输方式的变化而变化。假设球面上存在任意两点 $R(latiR,longR)$、$S(latiS,longS)$,$lati$ 为纬度,$long$ 表示经度,两点间球面距离为:$D^{RS} = r \times arccos[cos(latiR)cos(latiS)cos(longR - longS) + sin(latiR)sin(latiS)]$,在实际的计算中,$r$ 取地球平均半径 6371 km,省内贸易距离采用 Wei(1996)的处理办法,设为该省距离最近省会城市距离的 1/4。

本书主要使用普通最小二乘法(Ordinary Least Squares,OLS)对我国国内贸易省级行政边界效应展开检验。然而,仅使用 OLS 回归还可能面临一些问题:首先,当省际贸易流量为零或者贸易数据存在偏误的情况下,使用 OLS 对对数模型进行估计会出现异方差,进而导致估计结果的不一致,而拟泊松最大似然估计法(Poisson Pseudo-Maximum Likelihood Estimation,PPML)可以获得一致性估计(Silva and Tenreyro,2006)。其次,缺乏贸易流入省和流出省的相对价格数据(Anderson and Van Wincoop,2003)、各省各部门支出和收入数据(Anderson and Yotov,2010;Nitsch and Wolf,2013)引起的内生性问题会导致边界效应估计不准确。最后,多边阻力、地理特征、历史和文化因素等无法观测的变量也会产生内生性的问题。为了解决异方差和内生性问题,本文借鉴先前研究(Hillberry and Hummels,2003;Silva and Tenreyro,2006;Anderson and Yotov,2010;Felbermayr and Gröschl,2014;Wrona,2018),在回归方法上不但使用 OLS 进行回归,同时使用 PPML 进行对照,并控制贸易流入省和流出省的固定效应。除此之外,Gomez-Herrera et al.

(2014)认为,PPML 与 OLS 的估计结果不具有可比性,OLS 使用取对数后的数据进行回归,PPML 使用取对数前的数据进行检验,使用 PPML 得到的结果无法给出准确的经济学含义。因此,本章使用 OLS 进行基准回归,使用 PPML 进行辅助回归。

1992—2017 年全国层面的省级行政边界效应实证检验结果如表 4.1 所示,各变量回归系数的符号基本符合预期。首先,就省级行政边界相关变量而言,$Home^{RS}$ 回归系数在 1.86—2.18 之间浮动,相应的行政边界效应为 6.42—8.85[①],即由于省级行政边界的存在,各省省内贸易是省际贸易的 6.42—8.85 倍。Poncet(2003)的研究结果表明 1987—1997 年中国省际边界效应在 12—27 之间,行伟波等(2009)估计 2003—2005 年我国边界效应在 4—6 之间,刘生龙等(2011)认为我国边界效应处于 6—21 之间。Helliwell(1998)的研究表明发达国家之间的边界效应一般处于 6—25 之间,发展中国家在 70 左右,因此本文的研究结果与刘生龙等(2011)接近,我国省级行政边界效应与发达国家之间的边界效应比较接近。其次,邻近变量($Adjacent^{RS}$)回归系数均显著为正,各省更加偏好与相邻的地区进行贸易。再次,从经济区域变量($Region^{RS}$)来看,其 OLS 回归系数不显著,而 PPML 回归系数显著为负,控制其他边界变量和各省固定效应会影响其回归结果的符号和显著性。最后,距离(D^{RS})的提高对省际贸易有明显的阻碍作用,距离弹性回归结果接近于-1,随着距离的增加,省际贸易逐渐减少,一定程度上解释了各省更加偏好省内贸易和邻近省份贸易的原因。同时,随着时间的推移,距离变量回归系数逐渐上升,说明地理距离对省际贸易的阻碍作用逐渐降低。

―――――――――――

[①]　$e^{1.86}=6.42$,$e^{2.18}=8.85$。

表 4.1 中国国内贸易省级行政边界效应估计结果

变量	OLS_FE						PPML_FE					
	1992年	1997年	2002年	2007年	2012年	2017年	1992年	1997年	2002年	2007年	2012年	2017年
$Home^{RS}$	2.04***	1.94***	1.99***	1.86***	1.86***	2.18***	2.08***	2.15***	2.25***	2.13***	2.11***	2.43***
	(0.22)	(0.22)	(0.21)	(0.21)	(0.21)	(0.20)	(0.04)	(0.02)	(0.02)	(0.01)	(0.01)	(0.01)
$Adjacent^{RS}$	0.22**	0.22*	0.24**	0.25**	0.30***	0.36***	0.22***	0.26***	0.29***	0.25***	0.22***	0.30***
	(0.11)	(0.11)	(0.11)	(0.11)	(0.11)	(0.10)	(0.03)	(0.01)	(0.01)	(0.01)	(0.00)	(0.00)
$Region^{RS}$	−0.01	0.04	−0.01	−0.00	0.04	0.03	−0.30***	−0.34***	−0.31***	−0.38***	−0.32***	−0.36***
	(0.11)	(0.11)	(0.10)	(0.10)	(0.10)	(0.10)	(0.02)	(0.01)	(0.01)	(0.01)	(0.00)	(0.00)
D^{RS}	−1.11***	−1.14***	−1.09***	−1.10***	−1.10***	−1.05***	−0.98***	−0.96***	−0.87***	−0.91***	−0.95***	−0.93***
	(0.09)	(0.09)	(0.08)	(0.08)	(0.08)	(0.08)	(0.02)	(0.01)	(0.01)	(0.01)	(0.00)	(0.00)
$Constant$	10.02***	11.04***	11.32***	12.22***	12.72***	12.30***	8.81***	9.59***	9.68***	10.88***	11.57***	11.42***
	(0.59)	(0.60)	(0.55)	(0.56)	(0.56)	(0.53)	(0.12)	(0.07)	(0.06)	(0.04)	(0.02)	(0.02)
$Obs.$	784	784	784	784	784	784	784	784	784	784	784	784
R^2	0.84	0.85	0.86	0.86	0.86	0.87	0.97	0.98	0.98	0.98	0.98	0.99

注:1.括号内为内标准差。2.***在1%的水平上显著;**在5%的水平上显著;*在10%的水平上显著。

总之,从 1992 年到 2017 年,中国省级行政边界对省际贸易的阻碍作用呈现先下降后上升的 U 形趋势,各省份与邻近省份的贸易往来逐渐密切。通过省级行政边界效应实证检验可以基本确定,目前中国省级行政边界效应较强,国内贸易依旧存在较为明显的本地偏好,各省省内贸易显著高于省际贸易。

二、省际贸易成本

除了边界效应,Head-Ries 贸易成本指数也被广泛应用于贸易壁垒的研究(Head and Ries,2001;Albrecht and Tombe,2016;Tombe and Zhu,2019),该指数通过省际贸易比例即可推断出各省之间不可观测的贸易成本。尽管一个国家各地区之间并不存在关税,但是不同地区对长途货物运输规章制度差异、产品安全标准的差异、政府和企业采购更倾向于选择省内供应商等因素均会提高地区之间的贸易成本。各省省内贸易比例、省际流出贸易比例以及出口贸易比例包含了贸易成本的相关信息,贸易成本的存在导致各省对贸易对象的选择产生了系统性的趋势,各省份流出至其他省份的贸易比例普遍低于其省内贸易比例(Albrecht and Tombe,2016)。边界效应刻画的是由省级行政边界引起的贸易成本,而 Head-Ries 指数刻画的则是由于行政、地理等因素产生的贸易总成本。本小节进一步使用 Head-Ries 指数(Head and Ries,2001;Albrecht and Tombe,2016;Tombe and Zhu,2019)来测量省际贸易成本:

$$\bar{\tau}^{RS} \equiv \sqrt{\frac{\tau^{RS}\tau^{SR}}{\tau^{RR}\tau^{SS}}} = \left(\frac{\pi^{RR}\pi^{SS}}{\pi^{RS}\pi^{SR}}\right)^{1/2\theta} \tag{4.2}$$

其中,$\bar{\tau}^{RS}$ 代表 R 省和 S 省之间的贸易成本,τ^{RS}(τ^{SR})表示贸易

从 R 省(S 省)流入 S 省(R 省)的成本,τ^{RR}(τ^{SS})代表 R 省(S 省)省内贸易成本,贸易成本为冰山成本,$\tau^{RS}>1$;π^{RS}代表 R 省流入 S 省贸易额占 S 省总流入贸易额的比例,π^{SR}代表 S 省流入 R 省贸易额占 R 省总流入贸易额的比例,π^{RR}(π^{SS})代表 R 省(S 省)省内贸易额占其总流入贸易额的比例;θ 代表贸易的成本弹性系数,本文采取 Tombe 和 Zhu(2019)的处理方法,选择 $\theta=4$ 进行估算。各省份贸易流入比例包含了贸易成本的信息,如果贸易是完全无成本的,且消费偏好是一致的,那么各省份将对同一个贸易流出省份分配相同的贸易比例。实际上,根据第二章的计算结果,各省份贸易支出的分配并不是均等的,且将大部分贸易支出分配给本省,省际贸易的比例显著低于省内贸易。Head-Ries 指数通过省际贸易比例即可推断出各省份之间不可观测的贸易成本,贸易成本的存在导致各省的省际贸易比例产生了系统的趋势,各省份将更多的贸易支出分配给本省的企业。因此,τ^{RS}为相对贸易成本的概念,如果$\tau^{RS}=2$,即 R 省和 S 省之间的贸易成本为 R 省和 S 省省内贸易成本的 2 倍。Albrecht and Tombe (2016)、Tombe and Zhu(2019)通过对贸易成本进行不对称处理以及控制距离成本等办法,使该指数更好地反映与政策相关的成本。本小节的重点是讨论 1992—2017 年省际贸易总成本的变化,包括政策成本、距离成本以及信息成本等,因此本书的省际贸易成本为对称的。实际上,Tombe and Zhu(2019)使用对称的省际贸易成本进行检验,发现与非对称的贸易成本结果相差不大。

各省份平均省际贸易成本如表 4.2 所示。首先,与边界效应的研究结果一致,1992—2017 年全国平均省际贸易成本也经历了先下降后上升的过程,1992 年、1997 年、2002 年全国省际贸易成本平均在 2.1 左右,2012 年降至 1.719, 2017 年又升至 2.019,即全国平均省际贸易成本是省内贸易成本的 1.719—2.105 倍。其次,不同省份的贸易成本差异较大,经济欠发达省份面临较高的省际贸易成本。1992—2017 年,青海和宁夏的省际贸易成本一直保持较高的水平,而广东和江苏的省际贸易成本一直保持较低的水平。再次,1992—2017 年,青海、吉林、宁夏、山西以及甘肃的省际贸易成本呈现明显的上升趋势,江西、湖南以及贵州等省份的省际贸易成本下降较为明显。最后,就京津冀、江浙沪以及广东等贸易中心而言,2012—2017 年,浙江、江苏以及广东的省际贸易壁垒涨幅较小,而北京、上海以及河北的涨幅较大,2017 年北京、河北、江苏以及广东的省际贸易成本低于全国平均水平,天津、上海以及浙江则高于全国平均水平。

　　综合比较省级行政边界效应和省际贸易成本可以发现,我国省际贸易成本还有进一步下降的空间。尽管部分省市的省级行政边界对其省际贸易的阻碍作用较强,然而优越的地理位置、较强的规模影响力等因素导致这些省市的省际贸易成本处于较低水平,例如北京、河北、山东。与此同时,偏远的地理位置给辽宁、黑龙江、广东和广西等省份的省际贸易带来了不便,凭借较低的省际行政边界效应或是较强的规模优势,这些省份的省际贸易成本依旧较低。因此,我国应着力打破行政分割,特别是贸易中心省份的行政壁垒,将有助于进一步释放省际贸易潜力,强化贸易中心对区域经济贸易的带动作用,进而全面降低省际贸易成本。

表 4.2　中国部分省份平均省际贸易成本

地区	1992 年	1997 年	2002 年	2007 年	2012 年	2017 年
北京	2.119	2.125	2.117	1.887	1.581	1.837
天津	2.081	2.085	2.035	1.559	1.834	2.150
河北	1.814	1.789	1.780	1.501	1.435	1.902

（续表）

地区	1992 年	1997 年	2002 年	2007 年	2012 年	2017 年
山西	2.796	2.795	2.709	1.779	1.691	2.088
内蒙古	2.292	2.212	2.180	1.955	1.778	2.129
辽宁	1.864	1.869	1.924	1.585	1.421	1.859
吉林	1.549	1.667	1.755	1.849	1.685	2.285
黑龙江	1.713	1.834	1.952	2.065	1.453	1.732
上海	1.935	1.828	1.760	1.761	1.873	2.232
江苏	2.053	1.982	2.020	1.516	1.604	1.791
浙江	1.957	1.872	1.828	1.804	2.018	2.176
安徽	2.134	2.064	2.006	1.745	1.798	2.080
福建	2.561	2.422	2.370	1.927	2.180	2.448
江西	2.593	2.527	2.458	2.002	1.613	1.707
山东	2.061	1.998	2.054	1.753	1.699	1.965
河南	2.368	2.349	2.356	1.600	1.454	1.596
湖北	2.505	2.485	2.456	2.048	2.016	2.421
湖南	2.496	2.408	2.346	1.835	1.789	1.947
广东	1.906	1.904	1.935	1.752	1.704	1.902
广西	2.124	2.056	2.053	1.739	1.630	1.797
四川	2.517	2.525	2.513	1.879	1.895	2.102
贵州	2.417	2.394	2.497	1.958	1.904	1.943
云南	2.654	2.637	2.699	1.831	1.721	2.101
陕西	2.269	2.278	2.336	1.935	1.837	2.743
甘肃	1.907	1.912	2.144	2.124	1.752	2.446
青海	1.603	1.658	1.888	2.533	2.501	3.864
宁夏	3.090	3.133	3.312	2.668	2.547	3.454
新疆	2.862	2.902	3.001	2.558	2.330	2.892
平均	2.105	2.080	2.076	1.775	1.719	2.019

注:省际平均贸易成本使用各省(市)贸易流入额对省际贸易成本进行加权平均。

三、省际贸易行政分割影响因素分析

结合既有研究,本书将从劳动力流动、产业结构差异、开放程度、财政因素四个方面对省际贸易壁垒的变化进行初步的分析,构造如下计量模型:

$$\bar{\tau}_t^{RS} = c + X_t^{RS} + X_t^{RS} \times Midwest + \lambda_t + \varepsilon \qquad (4.3)$$

其中,$\bar{\tau}_t^{RS}$ 代表第 t 年 R 省和 S 省之间的省际贸易成本;X_t^{RS} 代表即将讨论的影响因素;$Midwest$ 为代表地理位置的虚拟变量,如果 R 省位于中西部地区,$Midwest = 1$,反之,$Midwest = 0$;λ_t 代表时间固定效应。回归方法选择面板固定效应模型。影响因素的变量选取和数据来源包括:(1)劳动力流动。使用省际流入流出人口占劳动力总流入总流出人口的比例代表省际劳动力流动(M^R),数据来自人口普查数据、中国人口普查与抽样调查数据。本文省际贸易数据为1992—2017 年,人口普查数据和人口调查数据的采集分别为每 10 年进行一次,为了将人口数据的年份与贸易数据年份进行匹配,选择1990 年、1995 年、2000 年、2005 年、2010 年、2015 年人口数据分别作为 1992 年、1997 年、2002 年、2007 年、2012 年以及 2017 年人口数据的代理变量。(2)产业结构差异。采用 Krugman(1991)的产业结构差异指数来分析地区之间产业结构差异的变化趋势,$PS^{RS} = \sum_{i=1}^{n} |S_i^R - S_i^S|$,$PS^{RS}$ 代表 R 省与 S 省之间的产业结构差异,$S_i^R(S_i^S)$ 为 R(S)省 i 部门产出占总产出的份额,因此 PS^{RS} 越大,则两省份的产业结构差异越大。极端情况下,如果两省份之间产业结构完全相同,则并未形成分工,处于一种自给自足的状态,或者贸易仅限于产

业内贸易;如果两省份产业结构完全不同,则两省份之间完全分工,互补优势导致的产业间贸易最为明显。使用省际贸易量对省际产业结构差异进行加权平均,即可得到省级产业结构差异指数(PS^R)、全国产业结构差异指数(PS)。部门分类 i 与本文贸易数据的部门分类保持一致,省级部门产出数据使用本文估算省际贸易流量的部门数据。(3)开放程度。使用 Head-Ries 贸易成本指数进一步计算各省份国际贸易成本($\bar{\tau}_t^{RROW}$),将世界其他区域(Rest of the World,ROW)视作一个区域,国际贸易比例数据来自联合国商品贸易统计数据库(UN Comtrade)。(4)财政因素。本书使用各省国地税总收入减去其一般公共预算支出占 GDP 的比例反映该省财政收支状况(FB^R),财政数据来自《中国财政年鉴》《中国税务年鉴》。

表4.3　省际贸易壁垒影响因素分析

变量	(1)	(2)	(3)	(4)	(5)	(6)
M^R	−0.441*					
	(0.244)					
PS^R		−1.930***				
		(0.134)				
$\bar{\tau}_t^{RROW}$			0.230***		0.035	
			(0.014)		(0.043)	
FB^R				−0.326*		0.891***
				(0.171)		(0.316)
$\bar{\tau}_t^{RROW} \times$ Midwest					0.200***	
					(0.042)	
$FB^R \times$ Midwest						−1.753***
						(0.385)
Obs.	196	784	784	728	784	728
R^2	0.387	0.562	0.587	0.448	0.599	0.465

　　回归结果如表4.3所示。第(1)列解释变量为 M^R，回归结果显著为负，即省际贸易成本与省际劳动力流动呈负相关关系，根据表4.4，1990—2020年省际劳动力流动比例从37.02％增长到2015年的31.37％，2020年下降到25.13％，省际劳动力流动的倒U形趋势与省际贸易成本的U形趋势具有较强的相关性，省际劳动力流动程度的下降并不利于省际贸易交流。第(2)列解释变量 PS^R 的回归结果显著为负，即省际贸易成本与产业结构差异呈负相关关系。根据表4.5，2002—2017年全国加权平均产业结构差异指数呈现先上升、后下降的趋势。进一步地，本文使用基尼系数来讨论各部门产品在全国的集聚程度，$G_i = \frac{1}{2N^2\mu}\sum_R\sum_S|S_i^R - S_i^S|$，$G_i$ 代表i部门产品的基尼系数，μ 代表部门i产出在各省份的比重均值，$S_i^R(S_i^S)$ 为R(S)省i部门产出占总产出的份额。使用各部门产品的产值对基尼系数进行加权平均，即可得到全国平均基尼系数。基尼系数越小，表明产业布局越分散，基尼系数越大表明产业更加集中。根据表4.6，2002—2017年全国加权平均部门基尼系数依然呈现先上升、后下降的趋势。产业结构差异的下降、产业集聚程度的下降一定程度上说明了我国近年来向"小而全"的产业分工靠拢，这种"块块经济"并不利于省际贸易往来。第(3)列解释变量为 τ_t^{RROW}，回归结果显著为正，省际贸易成本与国际贸易成本呈现显著的正相关关系。根据表4.7，1992—2017年国际贸易成本呈现先下降后上升的趋势。地区之间的贸易成本差距较大，中西部地区省际贸易成本略高于东部地区，但是中西部地区国际贸易成本显著高于东部地区，且上升较快。第(5)列进一步控制了 $\tau_t^{RROW} \times Midwest$，交互项显著为正，即相比于东部地区，国际贸易成本的提高更进一步地提高了中西部地区的省际贸易

成本。借助国际市场发展受阻的情况下，一定程度上加剧了国内市场的竞争。第(4)列解释变量为 FB^R，回归结果显著为负，省际贸易成本与各省财政收支呈现显著的负相关关系。根据表 4.8，2015 年之后全国财政收支占 GDP 比例急剧下降，2019 年低至 -9.93%，一定程度上解释了近年来省际贸易成本呈现上升趋势的原因。根据表 4.9，1994—2019 年，除了北京、天津、上海、江苏、浙江以及广东等东部发达省份以外，其余省份财政收支普遍为负，中西部各省份国地税收入总和难以弥补财政支出，需要依靠政府借债或者中央的转移支付。第(6)列进一步控制了 $FB^R \times Midwest$，交互项显著为负，相比于东部地区，中西部地区财政收支占 GDP 比重的下降更进一步地提高了中西部地区的省际贸易成本。面临巨大的财政压力，地方政府有激励采取保护措施以保证本地的财政收入，一定程度上提高了省际贸易成本。

表 4.4　1990—2015 年省际劳动力流动比例

年份	1990 年	1995 年	2000 年	2005 年	2010 年	2015 年
省际劳动力流动比例	37.02％	32.63％	26.85％	31.27％	30.99％	31.37％

表 4.5　产业结构差异指数

地区	2002 年	2007 年	2012 年	2017 年
北京	0.146	0.148	0.243	0.202
天津	0.108	0.181	0.118	0.097
河北	0.114	0.182	0.194	0.093
山西	0.089	0.252	0.234	0.155
内蒙古	0.157	0.183	0.179	0.201
辽宁	0.071	0.124	0.117	0.112
吉林	0.177	0.123	0.139	0.100
黑龙江	0.071	0.131	0.249	0.257

（续表）

地区	2002 年	2007 年	2012 年	2017 年
上海	0.094	0.154	0.170	0.137
江苏	0.066	0.129	0.133	0.113
浙江	0.081	0.096	0.088	0.088
安徽	0.084	0.155	0.136	0.064
福建	0.059	0.084	0.062	0.038
江西	0.059	0.125	0.133	0.117
山东	0.060	0.104	0.097	0.074
河南	0.061	0.145	0.138	0.097
湖北	0.059	0.090	0.078	0.038
湖南	0.050	0.126	0.124	0.082
广东	0.083	0.104	0.106	0.104
广西	0.095	0.141	0.103	0.087
四川	0.052	0.090	0.073	0.059
贵州	0.051	0.168	0.193	0.108
云南	0.045	0.165	0.151	0.082
陕西	0.066	0.195	0.196	0.032
甘肃	0.087	0.174	0.243	0.142
青海	0.422	0.183	0.165	0.014
宁夏	0.066	0.136	0.161	0.066
新疆	0.092	0.167	0.252	0.128
加权平均	0.081	0.132	0.134	0.089

资料来源：《中国地区投入产出表》。

表 4.6　部门基尼系数

部　　门	2002 年	2007 年	2012 年	2017 年
农林牧渔业	0.242	0.276	0.287	0.331
煤炭开采和洗选业	0.562	0.588	0.600	0.723
石油和天然气开采业	0.739	0.769	0.752	0.717

（续表）

部　　门	2002 年	2007 年	2012 年	2017 年
金属矿采选业	0.447	0.474	0.494	0.440
非金属矿及其他矿采选业	0.364	0.456	0.361	0.473
食品制造及烟草加工业	0.267	0.289	0.266	0.272
纺织业	0.456	0.514	0.517	0.548
纺织服装鞋帽皮革羽绒及其制品业	0.499	0.572	0.551	0.573
木材加工及家具制造业	0.408	0.433	0.442	0.479
造纸印刷及文教体育用品制造业	0.286	0.364	0.397	0.441
石油加工、炼焦及核燃料加工业	0.442	0.452	0.402	0.441
化学工业	0.157	0.185	0.175	0.211
非金属矿物制品业	0.239	0.281	0.261	0.317
金属冶炼及压延加工业	0.286	0.309	0.289	0.311
金属制品业	0.278	0.386	0.362	0.399
通用、专用设备制造业	0.304	0.317	0.365	0.394
交通运输设备制造业	0.407	0.430	0.458	0.461
电气机械及器材制造业	0.652	0.679	0.412	0.421
通信设备、计算机及其他电子设备制造业	0.441	0.464	0.607	0.546
仪器仪表及文化办公用机械制造业	0.512	0.525	0.458	0.470
电力、热力的生产和供应业	0.276	0.270	0.234	0.287
燃气生产和供应业	0.187	0.180	0.261	0.215
水的生产和供应业	0.156	0.134	0.277	0.222
废品废料	0.227	0.241	0.587	0.610
其他工业	0.436	0.560	0.435	0.480
其他商业	0.099	0.123	0.116	0.121
加权平均	0.255	0.296	0.279	0.277

资料来源:《中国地区投入产出表》。

表 4.7　国内贸易成本与国际贸易成本

年份	全国		东部地区		中西部地区	
	国内贸易成本	国际贸易成本	国内贸易成本	国际贸易成本	国内贸易成本	国际贸易成本
1992	2.105	1.788	2.077	1.197	2.115	2.883
1997	2.080	1.768	2.010	1.319	2.110	2.802
2002	2.076	1.570	1.975	1.244	2.135	2.478
2007	1.775	1.315	1.757	1.033	1.783	2.132
2012	1.719	1.352	1.694	1.070	1.729	2.125
2017	2.019	1.453	1.864	1.122	2.095	2.274

表 4.8　全国财政收支占 GDP 比重

年份	1994 年	2000 年	2005 年	2010 年	2015 年	2019 年
财政收支占 GDP 的比重	0.84%	−1.69%	−1.37%	−4.86%	−8.16%	−9.93%

表 4.9　部分省份财政收支状况(亿元)

地区	1994 年	2000 年	2005 年	2010 年	2015 年	2019 年
北京	159.140	441.729	1486.237	3512.407	6540.219	6235.096
天津	50.041	145.563	593.865	1353.370	724.036	1034.057
河北	15.631	−69.785	−10.442	−443.034	−1873.616	−3035.775
山西	10.104	−50.129	32.448	−296.132	−1558.812	−1570.496
内蒙古	−28.152	−117.161	−208.632	−717.706	−2086.716	−2328.971
辽宁	77.020	−136.976	−330.516	−1069.969	−1890.712	−2431.089
吉林	−5.053	−77.929	−224.604	−715.055	−1341.590	−2149.849
黑龙江	19.086	−13.711	−70.217	−951.419	−2135.681	−3034.073
上海	289.582	785.141	1877.182	4700.536	7797.945	8581.938
江苏	92.293	213.795	1081.737	2320.189	3343.730	2849.147
浙江	53.330	107.301	424.698	735.291	−167.180	−808.483
安徽	2.512	−97.536	−171.804	−932.691	−1943.784	−2847.887
福建	−17.863	−69.108	7.048	−125.626	−1023.284	−1611.112

（续表）

地区	1994 年	2000 年	2005 年	2010 年	2015 年	2019 年
江西	−17.704	−84.282	−226.032	−802.574	−1927.393	−2942.374
山东	41.089	−15.111	60.637	−288.373	−1850.718	−2292.692
河南	−6.233	−86.262	−308.388	−1493.096	−2864.015	−4790.573
湖北	−6.885	−81.817	−89.558	−722.192	−2099.293	−2730.673
湖南	−5.027	−87.987	−258.192	−1187.807	−2560.633	−3820.899
广东	23.932	148.350	795.244	1639.829	−1047.166	−1755.781
广西	−30.286	−84.108	−208.053	−942.758	−1995.302	−3211.013
四川	25.751	−173.180	−487.456	−2809.357	−4661.429	−6551.516
贵州	−14.798	−76.911	−205.810	−820.316	−2023.392	−3459.861
云南	66.035	5.303	−83.916	−649.016	−1977.939	−3207.775
陕西	−10.309	−96.156	−150.622	−596.384	−1750.789	−2020.336
甘肃	−12.645	−92.253	−204.104	−863.438	−1786.993	−2641.719
青海	−11.276	−43.336	−108.812	−542.785	−1172.548	−1476.138
宁夏	−5.567	−31.318	−81.184	−303.101	−640.238	−855.730
新疆	−18.101	−44.621	−128.111	−606.038	−2009.424	−3133.443

四、降低省际贸易成本的反事实分析

前文的研究表明，中国省际贸易壁垒经过了先下降后上升的过程。省际贸易壁垒越高，各省的自给自足率就越高，省际贸易比例就越低。本小节进一步考察当省际贸易壁垒下降时，省际贸易的规模和比例会如何变化。根据 Tombe and Zhu(2019)的研究结果，2007年中国农业部门省际贸易成本为 2.883，非农业部门省际贸易成本为 1.670，而加拿大农业、非农业部门的省际贸易成本分别为 0.949 和 1.491。本章根据 Tombe and Zhu(2019)的处理办法得到的 2007 年中国平均省际贸易成本为 1.775，相比之下我国的省际贸易成本还有进一步下降的空间。

本小节参考 Albrecht and Tombe(2016)、Tombe and Zhu(2019)的处理办法,将我国省际贸易成本分别降低至加拿大非农业部门水平(1.491)、降低至 0,对降低贸易成本之后的省际贸易比例进行反事实估计,以深化对国内贸易自由化的理解。在 Tombe & Zhu(2019)的理论框架内,均衡条件下省际贸易比例为:

$$\pi^{RS} = \frac{T^R(\tau^{RS}c^R)^{-\theta}}{\sum_M T^M(\tau^{MS}c^M)^{-\theta}} \qquad (4.4)$$

其中,π^{RS} 代表 R 省流入 S 省贸易占 S 省总贸易额的比例;T^R 代表 R 省技术水平;τ^{RS} 代表贸易从 R 省流入 S 省的冰山成本,$\tau^{RS}>1$;c^R 代表 R 省生产成本;θ 代表贸易的成本弹性,$\theta=4$。$\hat{x}=x'/x$,$\hat{x}$ 表示由外生冲击导致的变量的变化,x' 表示冲击之后的变量水平,x 表示冲击之前的变量水平。那么,给定技术水平、贸易成本以及生产成本的变化,省际贸易比例的变化可以表示为:

$$
\begin{aligned}
\hat{\pi}^{RS} &= \frac{\pi^{RS'}}{\pi^{RS}} = \frac{T^{R'}(\tau^{RS'}c^{R'})^{-\theta}}{\sum_M T^{M'}(\tau^{MS'}c^{M'})^{-\theta}} \bigg/ \frac{T^R(\tau^{RS}c^R)^{-\theta}}{\sum_M T^M(\tau^{MS}c^M)^{-\theta}} \\
&= \frac{T^{R'}(\tau^{RS'}c^{R'})^{-\theta}}{T^R(\tau^{RS}c^R)^{-\theta}} \bigg/ \frac{\sum_M T^{M'}(\tau^{MS'}c^{M'})^{-\theta}}{\sum_M T^M(\tau^{MS}c^M)^{-\theta}} \\
&= \hat{T}^R(\hat{\tau}^{RS}\hat{c}^R)^{-\theta} \bigg/ \sum_M \frac{T^{M'}(\tau^{MS'}c^{M'})^{-\theta}}{T^M(\tau^{MS}c^M)^{-\theta}} \times \frac{T^M(\tau^{MS}c^M)^{-\theta}}{\sum_M T^M(\tau^{MS}c^M)^{-\theta}} \\
&= \frac{\hat{T}^R(\hat{\tau}^{RS}\hat{c}^R)^{-\theta}}{\sum_M \pi^{MS}\hat{T}^M(\hat{\tau}^{MS}\hat{c}^M)^{-\theta}} \qquad (4.5)
\end{aligned}
$$

那么,给定技术水平、贸易成本以及生产成本的变化,受到外生冲击之后的省际贸易比例为:

$$\pi^{RS'} = \frac{\pi^{RS} \hat{T}^R (\hat{\tau}^{RS} \hat{c}^R)^{-\theta}}{\sum_M \pi^{MS} \hat{T}^M (\hat{\tau}^{MS} \hat{c}^M)^{-\theta}} \tag{4.6}$$

本章只考虑省际贸易成本的变化对省际贸易比例的影响,而技术水平和生产成本均不发生变化,即$\hat{T}^R = 0$、$\hat{c}^R = 0$。最终,省际贸易成本变化之后的省际贸易比例可以表示为:

$$\pi^{RS'} = \frac{\pi^{RS} (\hat{\tau}^{RS})^{-\theta}}{\sum_M \pi^{MS} (\hat{\tau}^{MS})^{-\theta}} \tag{4.7}$$

以省际贸易成本从 1.775 下降到 1.491 为例,下降了 16%,当 $R=S$ 时,即省内贸易,$\hat{\tau}^{RS}=1$;当 $R \neq S$ 时,即省际贸易,$\hat{\tau}^{RS}=1-0.16=0.84$,通过(4.7)式即可推导出省际贸易成本下降之后的贸易比例。结果如表 4.10 所示。首先,降低贸易成本后,相当于降低了实际的贸易壁垒,提高了国内贸易自由化水平,各省份省际流入贸易比例均有所提高。其次,如果将省际贸易成本降至 1.491,即加拿大省际贸易成本较高的部门,我国平均省际贸易流入比例,即省际流入占总流入(省内流入+省际流入+国际流入)的比例将提高到 35% 左右;如果将省际贸易成本降低至 0,我国平均省际贸易流入比例则会提高到 96.50% 以上。最后,降低省际贸易成本后,目前相对开放的省市省际流入贸易比例提高得更多。例如,2017 年贸易成本降低至 1.491 之后,黑龙江、内蒙古、江西、北京、甘肃、江苏以及上海等相对开放的省份的省际贸易比例将大幅度提高。降低贸易成本后,一方面有助于贸易中心省份发挥规模经济效应,例如北京、江苏以及上海,另一方面有助于促进经济欠发达省份进行省际贸易交流,有助于产业单一的省份实现专业化生产,例如黑龙江、内蒙古、江西以及甘肃。

　　总结而言,基于 Tombe and Zhu(2019)模型框架的反事实分析表明,中国省际贸易规模扩张还有很大的发展空间。如果将省际贸易成本下降到相当于加拿大省际贸易成本的水平,中国的省际贸易比例将由 20% 上升到 34%,增长幅度为 70%。这对于中国每年约 60 万亿规模的省际贸易而言,潜力是非常大的。此外,统一的国内产品大市场,不仅仅能促进地区间产品流通,带来经济增长,而且能够更好地发挥中国超大规模经济体的优势,降低产品成果,形成新的国际竞争优势,推动中国经济转型。

表 4.10　省际贸易流入比例

地区	1992 年	1997 年	2002 年	2007 年	2012 年	2017 年
北京	18.19%	19.93%	18.39%	24.58%	28.76%	23.48%
天津	31.35%	29.64%	27.18%	31.21%	22.31%	14.78%
河北	24.71%	23.99%	23.29%	24.89%	30.46%	15.03%
山西	10.87%	11.57%	16.39%	34.82%	42.02%	32.74%
内蒙古	20.28%	21.73%	25.28%	24.49%	26.10%	25.06%
辽宁	11.03%	12.83%	13.40%	24.53%	23.24%	21.55%
吉林	23.36%	23.78%	24.48%	27.13%	26.69%	16.62%
黑龙江	21.43%	20.52%	22.09%	24.30%	33.32%	31.07%
上海	24.10%	25.70%	24.42%	22.90%	19.96%	12.96%
江苏	17.24%	17.04%	12.92%	21.22%	17.14%	15.86%
浙江	21.44%	20.54%	18.11%	22.79%	15.93%	15.41%
安徽	22.77%	21.24%	27.03%	28.58%	26.02%	13.92%
福建	8.56%	8.70%	8.38%	23.37%	18.48%	10.80%
江西	17.06%	18.46%	22.43%	33.15%	42.04%	40.19%
山东	16.14%	16.05%	12.63%	15.12%	16.27%	12.31%
河南	14.98%	13.90%	14.74%	17.18%	32.69%	26.92%
湖北	9.08%	10.11%	10.09%	27.16%	27.72%	16.07%
湖南	10.95%	11.52%	14.34%	29.61%	34.20%	28.02%
广东	15.04%	13.93%	11.93%	15.37%	15.28%	13.40%

（续表）

地区	1992 年	1997 年	2002 年	2007 年	2012 年	2017 年
广西	19.34%	21.61%	27.21%	32.59%	39.57%	32.86%
四川	7.56%	7.50%	9.60%	25.46%	26.89%	22.19%
贵州	20.02%	23.79%	23.80%	33.07%	39.92%	34.70%
云南	11.92%	11.74%	16.54%	33.32%	38.73%	28.71%
陕西	23.35%	25.28%	25.91%	30.33%	27.31%	5.92%
甘肃	25.48%	28.04%	27.38%	29.49%	38.09%	23.13%
青海	16.21%	17.56%	15.35%	33.77%	31.01%	4.72%
宁夏	24.59%	25.52%	24.37%	29.29%	30.96%	12.80%
新疆	11.06%	11.59%	12.53%	22.09%	20.64%	10.87%
平均	17.79%	18.35%	18.94%	26.49%	28.28%	20.07%

表 4.11　贸易成本降低至 1.491 后省际贸易流入比例

地区	1992 年	1997 年	2002 年	2007 年	2012 年	2017 年
北京	34.95%	36.77%	34.38%	33.44%	36.43%	39.83%
天津	52.45%	49.59%	46.47%	41.15%	28.96%	27.23%
河北	44.22%	42.44%	41.38%	33.81%	38.35%	27.62%
山西	22.75%	23.40%	31.31%	45.15%	50.72%	51.22%
内蒙古	38.06%	39.34%	44.03%	33.33%	33.40%	41.91%
辽宁	23.04%	25.58%	26.46%	33.38%	30.06%	37.21%
吉林	42.40%	42.15%	42.98%	36.46%	34.08%	30.07%
黑龙江	39.71%	37.62%	39.73%	33.10%	41.50%	49.30%
上海	43.41%	44.69%	42.90%	31.40%	26.15%	24.31%
江苏	33.48%	32.42%	25.65%	29.33%	22.71%	28.91%
浙江	39.73%	37.65%	33.96%	31.27%	21.20%	28.21%
安徽	41.60%	38.65%	46.28%	38.14%	33.30%	25.86%
福建	18.45%	18.21%	17.54%	31.97%	24.35%	20.71%
江西	33.18%	34.59%	40.20%	43.32%	50.73%	59.18%
山东	31.73%	30.87%	25.15%	21.54%	21.62%	23.24%
河南	29.85%	27.39%	28.67%	24.22%	40.81%	44.28%

（续表）

地区	1992 年	1997 年	2002 年	2007 年	2012 年	2017 年
湖北	19.44％	20.81％	20.69％	36.49％	35.25％	29.24％
湖南	22.91％	23.33％	28.01％	39.33％	42.47％	45.65％
广东	29.96％	27.43％	23.96％	21.87％	20.39％	25.02％
广西	36.67％	39.18％	46.50％	42.69％	48.17％	51.36％
四川	16.50％	15.92％	19.80％	34.49％	34.31％	38.09％
贵州	37.68％	42.17％	42.07％	43.23％	48.54％	53.41％
云南	24.63％	23.71％	31.55％	43.51％	47.29％	46.49％
陕西	42.39％	44.14％	44.85％	40.16％	34.79％	11.94％
甘肃	45.23％	47.66％	46.72％	39.20％	46.63％	39.36％
青海	31.85％	33.22％	29.66％	44.00％	38.96％	9.65％
宁夏	44.06％	44.46％	42.83％	38.97％	38.90％	24.05％
新疆	23.09％	23.45％	24.99％	30.40％	26.97％	20.83％
平均	33.69％	33.82％	34.60％	35.55％	35.61％	34.08％

表 4.12　贸易成本降低至 0 后省际贸易流入比例

地区	1992 年	1997 年	2002 年	2007 年	2012 年	2017 年
北京	96.80％	97.08％	96.66％	96.64％	95.97％	96.21％
天津	98.34％	98.18％	97.74％	97.07％	96.81％	96.63％
河北	96.54％	96.29％	96.02％	94.39％	95.31％	94.82％
山西	97.46％	97.62％	98.19％	97.79％	98.16％	98.47％
内蒙古	98.27％	98.35％	98.59％	97.19％	96.55％	97.79％
辽宁	93.94％	94.82％	95.04％	95.75％	95.29％	97.13％
吉林	97.62％	97.92％	98.08％	97.52％	96.88％	97.24％
黑龙江	97.52％	97.70％	97.99％	97.75％	96.72％	97.52％
上海	96.81％	96.59％	95.96％	94.95％	94.89％	94.79％
江苏	95.50％	95.01％	93.47％	92.95％	92.38％	93.47％
浙江	96.46％	95.91％	94.76％	95.39％	94.92％	95.82％
安徽	97.65％	97.20％	97.67％	96.70％	96.39％	95.13％
福建	95.53％	94.86％	94.27％	96.82％	97.00％	96.21％

（续表）

地区	1992 年	1997 年	2002 年	2007 年	2012 年	2017 年
江西	97.94%	97.93%	98.24%	98.19%	98.10%	98.32%
山东	95.55%	95.24%	93.93%	92.26%	92.51%	92.92%
河南	96.49%	96.14%	96.36%	92.08%	95.69%	95.78%
湖北	94.77%	95.17%	94.97%	97.40%	97.36%	96.89%
湖南	96.75%	96.62%	97.09%	97.56%	98.03%	98.08%
广东	94.16%	93.49%	92.39%	93.49%	94.24%	94.62%
广西	97.89%	97.89%	98.30%	97.61%	98.30%	98.31%
四川	93.95%	93.86%	95.07%	96.44%	96.84%	96.93%
贵州	98.76%	98.93%	98.95%	98.30%	98.79%	98.60%
云南	97.64%	97.62%	98.36%	97.85%	98.35%	98.35%
陕西	98.04%	98.22%	98.33%	97.47%	96.85%	94.05%
甘肃	97.95%	98.20%	98.52%	98.12%	97.98%	98.13%
青海	93.54%	94.55%	95.09%	99.08%	99.13%	97.94%
宁夏	99.40%	99.44%	99.44%	99.03%	99.03%	98.72%
新疆	98.25%	98.41%	98.59%	98.16%	97.73%	97.39%
平均	96.77%	96.76%	96.72%	96.57%	96.65%	96.65%

五、本章小结

本章从边界效应和贸易成本的角度出发，研究我国国内贸易省级行政分割问题，不仅对影响省级行政分割的因素展开初步的分析，还对降低省级行政分割后的省际贸易展开反事实分析。本章的研究主要有如下几点结论。第一，从行政边界效应的角度出发讨论市场分割发现，行政边界效应从 2002 年的 2.7 下降到 2007 年的 2.0，再上升到 2017 年的 2.5，即省内贸易是省际贸易的 6.42—8.85 倍。第二，省际贸易成本系数则由 1997 年的 2.1 下降到 2012 年的 1.7，再上升到 2017 年的 2.0,即省际贸易成本是省内贸易成本的 1.7—2.1 倍。第三,不同省份之间的行政边界效应和贸易成本同样存在很大的差异,经济欠发达省份如青海、宁夏面临较高的省际贸易成本,而经济较发达省份如广东、江苏的省际贸易成本相对较低。第四,省际劳动力流动壁垒的下降、产业结构差异的存在,以及财政收支状况的恶化很可能是增加省际贸易成本和提高市场分割的重要因素。第五,研究表明最近十年我国省级行政分割现阶段有上升趋势,不利国内市场整合,反事实分析显示,如果省际贸易成本降低 20%,将使得 2017年省际贸易比例从 20%提高到 34%,省际贸易规模将上升 70%!

　　本章研究的价值主要体现在以下几个方面。首先,本章从不同维度对长序列年份的省级行政分割问题进行了系统而深入的讨论,这为后续研究构建全国统一大市场和构建以国内大循环为主体的新发展格局,提供了重要的基础性成果。通过详细分析省级行政分割的动态变化,研究揭示了各省之间贸易联系的发展轨迹,提供了丰富的数据支持和理论依据,为实现国内市场的高效整合奠定了坚实的基础。其次,本章对近三十年来国内贸易省级行政分割的 U 形变化及其跨地区、跨行业的演变进行了详细分析,这不仅揭示了不同地区和行业在经济发展中的特殊性,还为后续相关研究和政策制定提供了重要的参考。通过识别和分析地区和行业壁垒的变化趋势,研究为制定有针对性的政策措施,降低地区和行业间的贸易障碍,提供了科学依据,确保政策的针对性和有效性。此外,本章通过反事实分析,乐观地预测了降低省级行政分割对整合市场、促进内循环的积极影响。这一结果为如何发挥中国超大规模经济的优势提供了初步依据,表明通过政策干预和体制改革,可以有效提升资源配置效率,促进全国范围内的经济协调发展,从而实现区域经济的均衡发展和国家经济的高质量发展。因此,本研究不仅在理论上为区域经济一体化提供了新的视角和方法论,还在实践上为政策制定者提供了有力的决策支持。通过对省级行政分割问题的全面研究,本书为未来的政策设计和经济改革提供了科学的依据和实践的指导,助力中国经济的持续健康发展。这种理论和实践的结合,不仅有助于优化区域经济政策,促进国内市场的一体化,还能有效提升中国市场的竞争力,构建一个更加开放、高效的国内贸易体系,为实现区域经济的协调发展和国家的经济繁荣提供了坚实的保障。

第五章　中国国内贸易地理空间分割

　　改革开放以来,沿海区域凭借地理优势和政策优惠把握住了经济全球化的机遇,在工业化、城镇化等多个方面领先内地,集聚了全国大部分经济活动,逐渐成为我国区域经济的"中心",而内地省份逐渐演化为"外围"(黄玖立,2011)。经济活动的区域化集聚会带来空间异质性网络效应,形成了行政边界之外的空间边界,导致经济活动产生了空间维度的分割(Felbermayr and Gröschl,2014;Wrona,2018)。那么,我国国内贸易是否存在省级行政边界之外的其他维度的空间边界? 在当前复杂且严峻的世界经济形势下,中国提出要加快构建以国内大循环为主体、国内国际双循环相互促进的新发展格局。促进国内大循环的关键在于对内深化改革,有效打破地区之间的市场分割,构建更加一体化的国内市场,利用我国超大规模经济体的优势,发挥规模经济效应,形成经济增长新动能。本章重点发掘中国国内贸易是否存在行政边界之外的、其他地理空间维度的边界,并讨论国内贸易空间格局对于区域经济发展的影响,深入分析区域之间的内在联系,为合理制定区域经济政策、协调区域经济发展提供依据,为构建国内统一市场、促进国内大循环提供新的思路。

现有文献通常通过分析贸易的边界效应(Border Effects)来研究市场分割问题。边界效应研究最早起源于国际贸易领域(McCallum，1995；Wei，1996；Helble，2007)，并逐步扩展到国家内部区域间贸易的研究领域(Wolf，2000；Helliwell and Verdier，2000)。这些研究主要探讨国家间行政边界和国内行政区划边界对贸易的影响，揭示了边界对贸易流动的制约作用。许多学者关注中国省级行政边界效应，发现省级行政边界对国内贸易具有显著的阻碍作用(Young，2000；Naughton，2003；Poncet，2005；行伟波和李善同，2009、2010)。事实上，除了省级行政边界，国内贸易还受到区域间基本因素差异所产生的空间边界的影响(Nitsch and Wolf，2013；Felbermayr and Gröschl，2014；Wrona，2018)。例如，赵永亮和徐勇(2007)提出我国东部与西部区域之间可能存在一条隐形的边界线，这条边界线割裂了两大区域之间的经济联系，但他们并未具体识别出这条边界线的地理位置。在现有研究基础上，本章对国内贸易的空间格局进行了详细的描绘，深入分析了各省国内贸易的空间边界效应，进一步深化了文献对国内贸易空间分割的理解。此外，本书通过识别和分析省际贸易的边界效应，不仅拓宽了边界效应的研究内涵，还为优化区域经济政策、促进国内市场一体化提供了新的视角和理论支持，从而为推动区域经济协调发展和提升国家经济竞争力提供了实证依据和政策建议。这种全面的分析不仅丰富了现有的理论框架，也为实际政策制定者提供了宝贵的参考，推动了对市场分割问题的系统性研究和政策实践。

与本章直接相关的一支文献主要讨论行政边界之外的其他维度的空间边界对国内贸易的影响。Nitsch 和 Wolf(2013)的研究揭示了德国分裂时期的德边界(即"柏林墙")依然对当今德国国内贸易产生深远影响,表现为德国的贸易量远远小于各自区域内部的贸易量。Felbermayr 和 Gröschl(2014)通过研究发现,美国南北战争之前的北方联邦和南方联盟之间的边界依旧导致现今美国南、北区域间的贸易存在显著分割效应,这表明历史边界对现代经济活动具有长期影响。相比之下,我国自古以来一直是一个统一的国家,因此并不存在像德国或美国那样由于历史原因形成的显著空间边界。Wrona(2018)则从地理位置角度出发,通过将日本国土直接划分为东、西两个区域,实证结果及其稳健性检验均表明,日本国内贸易的确存在明显的东西分割。这主要因为日本国土狭长,地理划分较为明确。相较之下,我国幅员辽阔,各省份之间的经济联系错综复杂,难以直接确定我国空间边界的地理位置。在现有研究基础之上,本章对启发式搜索算法(Wrona,2018)进行了优化,并进一步引入了迭代式回归法,以更清晰地刻画我国国内贸易的空间格局。这种方法的改进不仅使得分析更加精确,还能够更全面地揭示我国国内贸易中的潜在空间分割效应,为研究我国区域经济一体化提供了新的理论工具和实证支持。

现有文献将边界效应形成的原因主要分为三类,即政治壁垒(Political Barriers)、基本因素(Fundamentals)以及统计伪像(Artefact)。首先,政治壁垒的观点认为即使区域之间取消了关税边界或者形成货币联盟,然而区域之间依旧存在难以解释的异质性,导致区域边界通过非关税壁垒的形式来继续影响贸易(Nitsch and Wolf,2013)。中国是一个统一的国家,因此不存在由省级、地级等行政边界以外的其他政治壁垒引起的边界效应。其次,统计伪像的观点认为,由于难以将与边界相关的贸易壁垒和地理距离的影响区分(Head and Mayer,2009),或者由于统计聚合问题的存在(Hillberry and

Hummels，2008)最终产生了边界效应。由统计伪像引起的边界效应导致边界变量回归系数的符号无法确定,同时加总数据和部门数据的回归结果差异较大。最后,根据基本因素的解释,边界效应很大程度上源于区域之间行政因素以外的异质性,例如,消费习惯、自然禀赋、地理条件、产业结构,等等。相比于政治壁垒,基本因素对贸易的影响更加持久(Rauch，1999；Combes et al.，2005；Schulze and Wolf，2009；Nitsch and Wolf，2013)。因此,如果中国国内贸易空间边界主要由区域之间的基本经济因素差异引起,那么无论使用加总贸易数据还是部门贸易数据,空间边界变量的回归系数应该均小于零,且差异不大。

在现有研究的基础上,本章以1992—2017年中国28省份26部门省际贸易数据为基础,系统识别并分析了中国国内贸易的空间格局,深入探讨了省级和部门层面的区域经济内在联系,针对形成当前空间边界的影响因素展开了全面讨论。研究结果显示,我国国内贸易呈现出显著的南北分割现象。具体而言,在1992年至2017年年间,南部和北部地区之间的贸易量明显低于区域内贸易量,少36.24%至45.12%,且这种南北贸易分割现象呈现逐渐减弱的趋势。此外,各省行政边界对贸易的阻碍作用最为显著,表现为先下降后上升的波动趋势。研究进一步揭示,南北边界的等价关税在7.87%至46.62%之间,这一水平高于我国国际贸易的加权平均关税,表明国内南北贸易分割可能会长期存在。详细分析显示,北部地区各省份与南部地区各省份的贸易往来相对较为密切,而南部地区各省份则更倾向于在南部区域内进行贸易活动。此外,研究发现,社会网络和地区间产业结构差异不仅在一定程度上促进了省际贸易的交流,还有效降低了国内贸易的南北分割现象。基本因素的差异导致我国内部贸易的不均衡现象,各地区在考虑地理距离和贸易成本的情况下,选择贸易对象,从而在市场机制的作用下形成了当前的国内贸易南北分割格局。通过这些分析,本章不仅揭示了中国国内贸易的现状和趋势,还为理解和应对区域经济发展中的挑战提供了理论支持和实证依据。

本章的研究价值主要有三点:首先,本章对中国国内贸易空间格局进行了清晰的描述,深入分析了行政边界之外的其他维度的空间边界对国内贸易的影响,拓宽了边界效应研究的内涵。通过详细描绘国内贸易的空间分布,研究揭示了在行政边界之外,地理位置、经济结构差异等因素对贸易流动的阻碍作用,从而为理解中国区域经济一体化进程中的挑战提供了新的视角。其次,本章分别从省级层面系统讨论了国内贸易的空间格局,为进一步挖掘我国区域之间的内在经济联系奠定了基础。通过省级数据的详细分析,研究识别出各省之间的贸易流动特征及其变化趋势,揭示了不同地区在经济发展中的互动关系和依存程度,为制定针对性的区域经济政策提供了实证依据。最后,本文对我国国内贸易空间格局的影响因素展开了初步的讨论,为建设全国统一大市场相关政策的制定提供了科学依据。研究指出,未来需要进一步打破省级行政分割,以降低省际贸易成本,并结合当前空间格局下各区域的特点优化产业布局,推动形成具有国际竞争力的贸易中心,带动区域经济的发展,从而充分发挥规模经济效应,形成新的经济增长动力。本章的研究不仅拓展了边界效应的研究内涵,还为区域经济政策的制定提供了新视角,有利于构建新时期建设国内统一市场的系统制度顶层设计,为实现区域经济协调发展和高质量增长提供了理论支持和政策参考。

本章余下部分安排如下:第一部分对模型设定、数据来源以及识别方法进行说明,第二部分对中国国内贸易空间分割边界进行识别和检验,第三部分进行稳健性检验,第四部分对影响国内贸易空间格局的因素展开初步的讨论,第五部分是主要结论。

一、实证模型、数据说明与识别方法

(一) 实证模型与数据说明

借鉴先前研究(Anderson and Yotov,2010;Nitsch and Wolf,2013;Felbermayr and Gröschl,2014;Wrona,2018),本章构造如下基准计量模型对国内贸易空间边界进行识别和检验:

$$\ln \frac{t^{RS}Y}{E^{S}Y^{R}} = \alpha + \beta_1 Border^{RS} + \beta_2 Home^{RS} + \beta_3 Adjacent^{RS} + \beta_4 Region^{RS}$$
$$+ \beta_5 \ln D^{RS} + \varepsilon^{RS} \tag{5.1}$$

反之,$Border^{RS}=1$,如果我国国内贸易存在地理空间分割,理论上 $Border^{RS}$ 回归系数 β_1 为负,β_1 衡量了本章重点讨论的空间边界效应,即边界两侧区域之间的贸易比各自区域内部贸易少$|(e^{\beta_1}-1)*100\%|$。$Home^{RS}$ 代表省级行政边界变量,当 $R=S$ 时,即省内贸易,$Home^{RS}=1$;当 $R \neq S$ 时,即省际贸易,$Home^{RS}=0$,$Home^{RS}$ 回归系数 β_2 衡量了省级行政边界效应,即省级行政边界对国内贸易的阻碍作用,全国平均省内贸易是省际贸易的 e^{β_2} 倍。我国国内贸易的确存在明显的由行政力量引起的市场分割,实施主体主要为省级行政单位,$Home^{RS}$ 变量可以控制省级层面的分割。$Adjacent^{RS}$ 表示邻近变量,当 R 省和 S 省在地理上相邻时,$Adjacent^{RS}=1$;反之,$Adjacent^{RS}=0$,邻近变量一般对国内贸易有显著的正效应,其回归系数 β_3 衡量了

各省份与邻近省份贸易的密切程度。$Region^{RS}$ 代表经济区域变量，本章采用国家信息中心在编制《中国区域间投入产出表》时对区域的划分方法，将我国（不包括港澳台）划分为 8 个经济区域：东北区域（黑龙江、吉林和辽宁）、京津区域（北京和天津）、北部沿海区域（河北和山东）、东部沿海区域（江苏、上海和浙江）、南部沿海区域（福建和广东）、中部区域（山西、河南、安徽、湖北、湖南和江西）、西北区域（内蒙古、陕西、宁夏、甘肃、青海和新疆）和西南区域（四川、广西、云南和贵州）。如果 R 省和 S 省在同一个经济区域，$Region^{RS}=1$；反之，$Region^{RS}=0$，该变量控制了其他可能的经济区域层面的行政边界效应、贸易减少效应（Wrona，2018）。D^{RS} 代表 R 省和 S 省之间的贸易成本，本章选择两省省会城市之间的距离代表贸易成本（Nitsch and Wolf，2013；Felbermayr and Gröschl，2014；Wrona，2018），考虑到球面距离不随时间和运输方式的变化而变化，距离数据使用球面距离进行实证检验，假设球面上存在任意两点 R（$latiR$，$longR$）、S（$latiS$，$longS$），$lati$ 为纬度，$long$ 为经度，两点间球面距离为：$D^{RS}=r*\arccos\big[\cos(latiR)\cos(latiS)\cos(longR-longS)+\sin(latiR)\sin(latiS)\big]$，在实际的计算中，$r$ 取地球平均半径 6371 千米，省内贸易距离采用 Wei(1996)的处理办法，设为该省距离最近省会城市距离的四分之一。边界效应产生的原因主要分为政治壁垒、基本因素以及统计伪像，在控制了 $Home^{RS}$、$Region^{RS}$、D^{RS} 等与行政边界和地理距离相关的变量之后，如果 $Border^{RS}$ 依旧显著为负且符号较为稳定，说明空间边界效应是由于政策之外的产业特点、自然禀赋或者消费习惯等基本因素引起的贸易偏好，导致国内贸易产生了地理空间上的分割，形成了区域化集聚的贸易格局（Wrona，2018）。除了使用部门贸易数据进行稳健性检验以外，本章主要使用加总贸易数据对国内贸易空间格局进行识别和检验。除此之外,计算省际球面距离的省会城市经纬度坐标来自高德地图,省会城市之间最短铁路距离来自铁道部,省会城市间公路运输距离为高德地图的推荐线路距离。

为了进一步讨论中国国内贸易地理空间分割的影响因素,本章将基本因素作为双边贸易阻力引入引力模型,使用以下模型进行实证检验:

$$\ln t^{RS} = \alpha + \beta_1 Border^{RS} + \beta_2 Home^{RS} + \beta_3 Adjacent^{RS} + \beta_4 Region^{RS}$$
$$+ \beta_5 \ln D^{RS} + \beta_6 X^{RS} + \varepsilon^{RS} \tag{5.2}$$

X^{RS}为本章主要讨论的影响国内贸易地理空间边界效应的基本因素变量。本章将从社会网络、产业结构差异、要素禀赋、开放程度、人口因素以及人均收入六个方面分析基本因素对国内贸易以及地理空间分割的影响。部分解释变量为省级单边变量,为了分析省际基本因素差异对国内贸易的影响,本章采取 Felbermayr and Gröschl (2014)的处理办法,对两省省级变量相减取绝对值,进而构造省际双边变量。具体而言,社会网络、产业结构差异为双边变量,要素禀赋、开放程度、人口因素以及人均收入为单边变量。变量的选取和数据来源包括:

1. 社会网络

根据相关研究,社会网络对区域间贸易有显著的正向关系(Nitsch et al., 2013; Felbermayr et al., 2014; Wrona, 2018)。流动人口可以作为代理变量刻画我国地区之间的社会联系,人口的流动可以带来社会网络效应,有效降低人口流动的心理成本和搜寻成本。李培林(1996)认为社会网络作为一种非正式制度,可以起到节约劳动力流动成本、提高劳动力资源配置效率的作用。同时,流动人口通常和其流出地具有重要的联系,有利于促进贸易关系的建立,例如流动人口可以减少信息成本、可以形成地区间相似的贸易偏好、可以促进区域之间的文化交流等等,进而促进省际贸易交流。除此之外,规模日益庞大的流动劳动力向沿海地区集聚推动了沿海地区制造业和服务业的发展,也是贸易向沿海集聚的原因之一。

本章选取省际流入人口、省际流出人口以及省际迁移成本指数来刻画社会网络。省际迁移成本指数(Tombe and Zhu,2019)如下:

$$MC^{RS} = \frac{V^S}{V^R}\left(\frac{m^{RR}}{m^{RS}}\right)^{1/\kappa} \tag{5.3}$$

MC^{RS} 为人口从 R 省迁移到 S 省的成本,V^R(V^S)为 R 省(S 省)的实际人均收入,m^{RR} 为 R 省省内流动人口数量,m^{RS} 为 R 省流动到 S 省的人口数量,κ 为迁移弹性,κ 取 1.5(Tombe and Zhu,2019)。本章使用各省 GDP、就业人口以及价格水平等数据计算各省实际收入,Brandt and Holz(2006)利用《中国统计年鉴》报告的各省消费商品的价格指数(Consumer Price Index,CPI)以及消费篮子权重构造了 1990 年各省份价格水平。本章将该价格水平与消费者价格指数相结合来计算各省份物价水平,进而利用物价水平对名义 GDP 数据进行平减,以获得各省份实际人均收入。相关数据来自《中国统计年鉴》、各省统计年鉴、各省份国民经济发展和社会统计公报。省际流入、流出人口数据来自人口普查数据、中国人口普查与抽样调查数据,按现住地分的户口登记地在外省的人口。本章使用的省际贸易数据分别为 1992 年、1997 年、2002 年、2007 年、2012 年以及 2017 年,人口普查数据和人口调查数据的采集分别为每十年进行一次,因此选择 1990 年、1995 年、2000 年、2005 年、2010 年和 2015 年人口数据作为 1992 年、1997 年、2002 年、2007 年、2012 年以及 2017 年人口数据的代理变量进行分析。

2. 产业结构差异

贸易的实质是互通有无、取长补短,地区之间的产业结构差异越大,区域间贸易的可能性越高。考虑到各省份之间的贸易与产业结构可能具有内在关联性,如果省份之间的产业差异度较高,则彼此之间具有产业互补优势,从而双方之间产业间贸易将会增强。赵永亮(2012)的研究结果表明,我国现实产业结构差异对促进区域间贸易交流作用较低,主要由于我国地区间产业结构差异较小,区域间存在一定竞争,导致彼此商品市场具有同构性,因而相互设置壁垒,严重阻碍了国内贸易的市场一体化。而石敏俊等(2012)则认为我国制造业虽然存在一定产业结构同构的现象,但是不能仅仅以产业结构同构程度来判断产业地域分工和区域经济一体化,当地区之间存在活跃的产业内贸易时,产业结构同构不一定会妨碍区域经济一体化。因此,本章引入产业结构差异变量,分析产业结构的差异对我国国内贸易以及地理空间分割的影响。

衡量地区经济结构差异的指标可以借鉴 Krugman(1991)的方法,即 $PS^{RS} = \sum_{i=1}^{n} \mid S_i^R - S_i^S \mid$,其中 S_i^R 和 S_i^S 分别代表 R 省和 S 省 i 部门产出占总产出的份额,因此产业结构指数越大,表明两省份之间的产业结构差异越大。极端情况下,如果 $PS^{RS} = 0$ 可以认为两省份之间产业结构完全相同,并未形成分工,处于一种自给自足的状态,或者贸易仅限于产业贸易;如果 $PS^{RS} = 2$ 可以认为两省份之间完全分工,两地区产业结构完全不同,互补优势导致的产业间贸易最为明显。产业分类参考本书省际贸易数据分行业 26 个部门分类,其中,2002 年、2007 年、2012 年省级分部门产出数据来源于《中国地区投入产出表》,2017 年省级部门产出数据来自《中国统计年鉴》《中国工业统计年鉴》和《中国农业统计资料》。

3. 要素禀赋

Heckscher-Ohlin(H-O)模型是基于要素禀赋理论提出,该模型认为一国将出口那些密集使用本国相对丰裕因而便宜的要素生产的产品,进口那些密集使用本国相对稀缺因而昂贵的要素生产的产品。将国际贸易领域的 H-O 模型引入国内贸易,各省的要素禀赋同样会影响其生产和贸易,进而影响我国国内贸易的边界效应。如果忽略要素禀赋的差异,可能会引起边界效应回归结果的向上偏误。因此,本章引入以下变量代表各省份要素禀赋差异,来考察其对国内贸易和边界效应的影响。第一,资本。资本要素是推动社会经济发展、科技进步、制度演化的关键因素。舒元等(2002)强调中国经济增长主要靠物质资本积累;王铮等(2002)发现各省之间的投资率差异是导致区域差异的主要原因;徐现祥等(2004)发现物质资本主导了我国省区经济增长的两极分化;陈秀山等(2004)与万广华等(2005)强调资本是地区间收入差距最主要的因素。因此本章引入资本存量来考察资本要素对区域间贸易分割的影响。本章使用资本存量来代表各省资本要素禀赋,根据单豪杰(2008)算法,本章的资本存量利用固定资本形成总额和固定资产投资价格指数,采用永续存盘法,将重庆与四川合并计算,以 1978 年为基期,折旧率取 10.96%,计算 2007 年各省资本存量。数据来源于《中国统计年鉴》。第二,劳动。改革开放以后,大量劳动力流向沿海地区,形成了集聚效应和规模经济效应,为沿海地区的工业发展提供了基础,同时促进了经济增长。同时"人力资本的外部性"是形成"教育的社会回报"的重要机制,即教育不仅使个人收入提高,同时地区教育水平的提高也可以提高个人收入水平,进而吸引更多劳动力的流入(陆铭等,2011)。李小瑛等(2010)发现,截至 2006 年,城镇地区接受高等教育年限提高 1%,工人工资水平提高 1%。因此,除了就业人口数量以外,本章还引入地区间人力资本差异变量来考察劳动要素差异对省际贸易、市场分割的影响。本章使用各省就业人口、人力资本来刻画劳动对国内贸易的影响。人力资本数据主要指劳动力受教育年限,按照教育年限法计算就业人员受教育程度的构成(柏培文,2010):文盲、半文盲;小学;初中;高中;大专以上(大学专科;大学本科;研究生),其平均受教育年数分别定为 1.5 年、6 年、3 年以及 3.5 年。计算公式为:劳动力平均接受教育年数=文盲、半文盲的就业人口比重 * 1.5+接受小学教育的就业人口比重 * 7.5+接受初中教育的人口比重 * 10.5+接受高中教育的人口比重 * 13.5+接受大专以及以上的就业人口比重 * 17(数据来源于《中国人口与就业统计年鉴》)。第三,技术进步。我国区域经济差距扩大的背后,是传统产业与新兴经济之间的比拼,反映创新经济最直接是各省的技术进步情况。大量文献强调以 TFP 所度量的技术在中国省际差距中的作用,彭国华(2005)发现各省 TFP 对我国省际收入差距具有较强的解释力,李静等(2006)强调 TFP 差距是中国地区间差异的主要来源。然而,傅晓霞等(2006a,2006b)的研究表明经济差异的主要来源为要素投入而非 TFP。因此,本文引入 TFP 作为衡量技术进步的代理变量。本章使用全要素生产率(Total Factor Productivity,TFP)来衡量技术进步,TFP 采用 Malmquist 生产率指数:

$$M(x^{t+1},\ y^{t+1},\ x^t,\ y^t)=\left[\frac{D^t(x^{t+1},\ y^{t+1})}{D^t(x^t,\ y^t)}*\frac{D^{t+1}(x^{t+1},\ y^{t+1})}{D^{t+1}(x^t,\ y^t)}\right]^{\frac{1}{2}}$$

$$(5.4)$$

$D^t(x^t,\ y^t)$和$D^{t+1}(x^t,\ y^t)$为在t期和$t+1$期的技术下,t时期的距离参数;$D^t(x^{t+1},\ y^{t+1})$和$D^{t+1}(x^{t+1},\ y^{t+1})$表示在$t$期和$t+1$期的技术下,$t+1$时期的距离参数。第四,土地。使用农作物播种面积来衡量各省土地要素。资本存量采用单豪杰(2008)永续存盘法,就业人员和实际 GDP 数据来源于《中国人口与就业统计年鉴》、中经网、《中国统计年鉴》以及各省统计年鉴。最终利用 DEA2.1 软件计算而来。

4. 开放程度

对外贸易改变了各省份经济发展水平和增长速度,影响各省份在国内贸易中的比较优势和规模经济特征,进而影响其国内贸易的流量、流向和结构。凭借地理优势和政策优惠,沿海地区更好地把握住了国际贸易的机遇,在工业化、城镇化以及市场化等多个方面领先内地区域,同时集聚着国内的优质生产要素和大部分经济活动。因此,沿海地区逐渐演变为我国区域经济的"中心",而其他内陆地区逐渐演化为"外围"。国际贸易改变了中国经济的版图,同时也改变了各省份的比较优势和规模经济特征。行伟波等(2009)发现各省份参与对外贸易有助于促进国内贸易交流、降低省级行政边界效应。黄玖立等(2010)认为流入地出口开放程度越高,该地区货物贸易流入量越大,即商品倾向于从出口较低的地区流向出口较高的地区。宋冬林等(2014)认为经济开放与市场分割呈现倒 U 形的关系,当经济开放水平较低时,经济开放会加剧市场分割,但是进一步扩大开放则能抑制市场分割。因此,各省份对外贸易的发展对国内贸易的流动具有一定的影响力。为了考察各省份开放程度差异对国内贸易的影响,本章使用各省份进口、出口开放度以及各省份国际贸易成本指数来考察国际贸易对国内贸易的影响。进口、出口开放度指数为各省份进口、出口额占其 GDP 的比例。贸易成本指数(Head and Ries,2001)如下:

$$\bar{\tau}^{RS} \equiv \sqrt{\tau^{RS}\tau^{SR}} = \left(\frac{\pi^{RR}\pi^{SS}}{\pi^{RS}\pi^{SR}}\right)^{1/2\theta} \tag{5.5}$$

本章借鉴 Tombe et al.(2019)的处理办法,将世界其他地区(Rest of the World,ROW)视作一个地区,进而计算各省省际贸易和国际贸易成本。$\bar{\tau}^{RS}$ 代表 R 地区和 S 地区之间的贸易成本,$\tau^{RS}(\tau^{SR})$ 表示贸易从 R 地区(S 地区)流入 S 地区(R 地区)的成本;$\pi^{RR}(\pi^{SS})$ 代表 R 地区(S 地区)地区内贸易占国内贸易和国际贸易之和的比例;θ 代表贸易的弹性系数,本章与 Tombe et al.(2019)的处理方法一致,选择 $\theta=4$ 进行估算。各省份进出口数据来源于《中国统计年鉴》,省际贸易数据来源于第三章的估算结果,国际贸易比例取 $\pi^{ROW,ROW}=0.991$(Tombe et al.,2019)。

5. 人口因素

一般来说,城市的规模经济效应更有利于工业的集聚和增长。越大的城市劳动力集聚效应越强,人力资本水平越高,城市规模一方面通过提高人力资本水平而提高收入,另一方面可以通过大城市的规模效应影响收入。Au et al.(2006a,2006b)认为城市规模对劳动生产率具有一定影响,服务业主要从经济集聚中获益,随着服务业比重的提高,最优的劳动生产率所需的最优城市规模是更大的。城市人口密度的提升将有利于劳动生产率的提高(陆铭等,2011),肖群鹰等(2007)发现,人口密度大的区域迁入人口更多,有利于社会的互动从而获得更高的预期收入。城镇化率也是影响劳动力流动、缩小收入差距的重要来源,城镇化率高的地区,流动人口的就业歧视较小、社会保障较强、教育等公共服务更加完善,有利于吸引劳动力的流入。本章使用人口总量差异来衡量省际城市规模的差距,同时引入人口密度差异、生育率差异以及城镇化率差异变量来刻画地区之间人口因素差异的影响,数据来源于《中国统计年鉴》《中国区域经济统计年鉴》。

6. 人均收入

根据 Linder 效应相关文献(Hallak, 2010),人均 GDP 差异较大的省份,其消费偏好结构差异较大,因此贸易交流较少,市场分割边界效应与 GDP 差异呈现负相关。同时,理论上,就业人员工资的差异是各地区比较优势的来源之一(Cunat et al., 2012),这种差异会直接影响劳动力流动,进而影响国内贸易往来。因此,本章引入各省人均 GDP 和就业人员平均工资变量,考察人均收入差距对国内市场分割的影响,数据来源于《中国统计年鉴》。

本章主要使用普通最小二乘法(Ordinary Least Squares,OLS)对我国国内贸易空间边界进行识别和检验。然而,仅使用 OLS 回归还可能面临一些问题:首先,当省际贸易流量为零或者贸易数据存在偏误的情况下,使用 OLS 对对数模型进行估计会出现异方差,进而导致估计结果的不一致,而拟泊松最大似然估计法(Poisson Pseudo-Maximum Likelihood Estimation, PPML)可以获得一致性估计(Silva and Tenreyro, 2006)。其次,缺乏贸易流入省份和流出省份的相对价格数据(Anderson and Van Wincoop, 2003)、各省各部门支出和收入数据(Anderson and Yotov，2010；Nitsch and Wolf，2013)引起的内生性问题会导致边界效应估计不准确。最后，多边阻力、地理特征、历史和文化因素等无法观测的变量也会产生内生性的问题。为了解决异方差和内生性问题，本章借鉴先前研究(Hillberry and Hummels，2003；Silva and Tenreyro，2006；Anderson and Yotov，2010；Felbermayr and Gröschl，2014；Wrona，2018)，在回归方法上不但使用 OLS 进行回归，同时使用 PPML 进行对照，并控制贸易流入省和流出省的固定效应。除此之外，Gomez-Herrera et al.(2014)认为，PPML 与 OLS 的估计结果不具有可比性，OLS 使用取对数后的数据进行回归，PPML 使用取对数前的数据进行检验，使用 PPML 得到的结果无法给出准确的经济学含义。因此，本章使用 OLS 进行基准回归，使用 PPML 进行辅助回归。

（二）识别方法

1. 启发式搜索算法

启发式搜索算法(Wrona，2018)可以在不考虑各省地理位置的前提下，对国内贸易空间边界进行初步识别。利用计算机将 28 个省随机平均分为两组，并基于模型(5.1)进行上百万次的回归，通过寻找最大的空间边界效应值，来获得每个省被分配到其中一个区域的概率，将分配概率高于 50％的省份视为位于第一个区域，低于 50％的省份则视为位于第二个区域。如果我国国内贸易存在明显的空间分割，最终的分配结果将呈现出明显的地理趋势，具体的识别过程详见本章第二节。

2. 迭代式回归法

由于启发式搜索算法过于机械,以 50％为分配标准得到的边界与实际的空间边界存在出入。因此,本章在启发式搜索算法基础之上,利用迭代式回归法将沿界各省份逐个引入对方区域进行回归,通过寻找最大的空间边界效应值,来进一步明确空间边界的地理位置,识别步骤详见本章第二节。

二、中国国内贸易空间边界的识别与检验

(一) 中国国内贸易整合程度与贸易格局

为了进一步识别国内贸易空间边界的地理位置,本章首先利用双边贸易一体化指数 Head-Ries Index(Head et al.,2001)计算历年中国省际双边贸易整合程度,深入了解各省份、各区域之间的贸易联系,具体公式如下:

$$\hat{\phi}^{RS} = \hat{\phi}^{SR} = \sqrt{\frac{t^{RS}t^{SR}}{t^{RR}t^{SS}}} \in [0,\ 1] \tag{5.6}$$

其中,t^{RS} 为 R 省到 S 省的贸易量,t^{SR} 为 S 省到 R 省的贸易量,t^{RR} 和 t^{SS} 分别为 R 省和 S 省省内贸易量。双边贸易一体化指数衡量了在双边贸易成本对称和省内贸易无摩擦的假设下,任意两省份之间的双边贸易一体化总体水平,指数越大表明贸易整合程度越高,结果如图 5.1 所示。双边贸易一体化指数矩阵不仅对称,且主对角线取值均为 1(省内贸易无摩擦)。实际上,历年 28 * 28＝784 个贸易流中,没有出现零贸易量的现象,由于结果只保留两位小数,因此双边

贸易一体化指数矩阵中出现了较多的零。各省份在表格中的位置按照地理位置进行排序,左上角起于东北地区,右下角止于西南地区。如果将贸易一体化指数矩阵图简单分为四个象限,第二象限和第四象限分别描述北部区域内部和南部区域内部贸易整合程度,第一象限和第三象限分别描述了北部、南部区域之间的贸易整合程度。中国各省、各区域之间贸易联系呈现以下几个特点:一是,双边贸易一体化指数最高不超过 0.08,整体而言,中国各省份贸易整合程度较低。二是,较高的贸易整合指数集中在主对角线附近,说明各省份与邻近省份的贸易整合程度较高。再次,1992 年、1997 年、2002 年以及 2017 年双边贸易整合程度平均为 0.044;2007 年贸易整合程度有所提高,平均为 0.045;而 2017 年贸易整合程度有显著的下降,双边贸易一体化指数平均下降到 0.043。三是,北部地区以及南部地区内部省份贸易整合程度较高,而北部各省份和南部各省份之间的贸易整合程度较低。因此,笔者猜测我国国内贸易存在地理空间分割边界,将国内市场分为南北两个大区域。

(二)中国国内贸易地理空间分割边界的识别

为了较为准确地对我国国内贸易地理空间分割边界进行识别,本章首先使用启发式搜索算法来初步识别边界的地理位置,进而使用迭代式回归法进行精确检索。

1. 基于启发式搜索算法

启发式搜索算法对空间边界的检索与地理位置无关,利用计算机将各省随机分为两组,通过寻找最大的边界效应值,来确定各省的

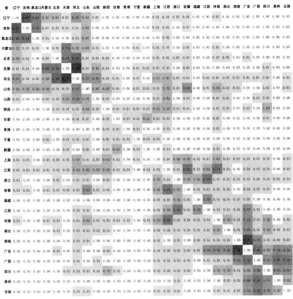

1992年

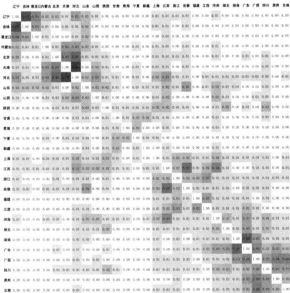

1997年

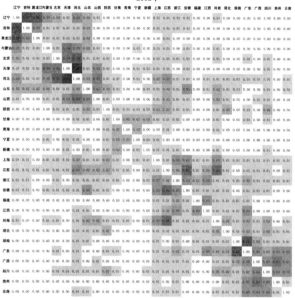

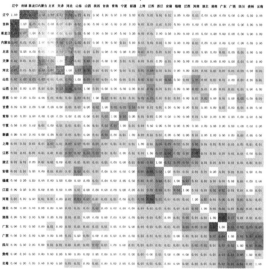

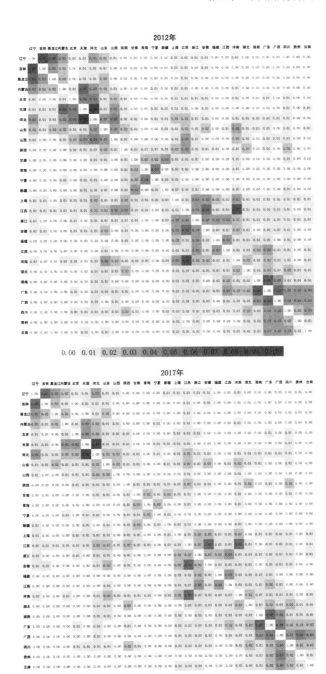

图 5.1　1992—2017 年中国 28 省份双边贸易一体化指数矩阵

组别分配。具体方法如下：首先，将全国 28 个省份随机平均分为两组（每组包含 14 个省份），从两组分别随机抽取一个省进行组别交换，并按照公式(5.1)进行边界效应回归，将回归系数设置为参考标准。其次，重复上述随机回归 10000 次，如果最新得到的回归系数小于参考标准值，说明边界效应提高，则将其设置为新的参考标准，继续回归，由图 5.2 可以看到该算法迅速收敛到一个稳定的水平。回归结束后，对最终参考标准值对应的各省分组进行记录。最后，重复上述迭代 100 次，并对 100 次分组结果进行统计。计算各省份被分配到第一组的概率，将分配概率高于 50% 的省份视作位于第一个区域，将概率低于 50% 的省份归类到第二个区域，最终分配结果如图 5.3 所示，空间边界将国内贸易划分为南、北两个区域，图中数字展示了各省份被分配到南部市场的概率。

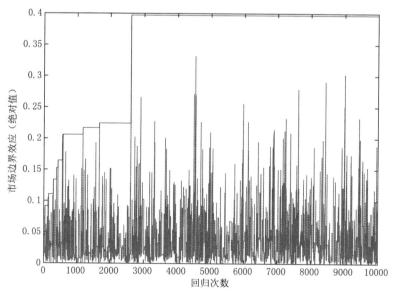

图 5.2　启发式搜索算法一次迭代结果

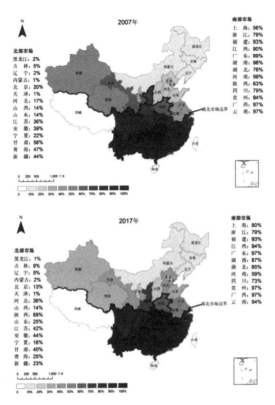

图5.3　中国国内贸易市场分割边界示意图

　　尽管启发式搜索算法对各省进行随机分配,并未考虑各省的地理位置,然而最终的分配结果呈现出明显的地理趋势,空间边界将国内贸易划分为南、北两个区域,并非现有文献提出的东、西市场(赵永亮等,2007)。同时,1992—2017 年,只有甘肃和上海的组别分配发生了波动,1992 年和 1997 年上海和甘肃被系统分配到北部市场,2002 年、2007 年和 2012 年上海和甘肃被分配到南部市场,2017 年上海被分配到南部市场、甘肃被分配到北部市场。甘肃和上海位于空间边界,与南北两个区域的贸易联系较为紧密,会出现分配的变化,但是并不影响国内贸易的南北格局。其余省份的分配较为稳定,反映了我国国内贸易南北分化的稳定性和持久性。对启发式搜索算法得到的初步的空间边界效应进行实证检验,结果如表 5.1 所示。

回归结果表明 $Border^{RS}$ 回归系数与预期相一致,均显著为负,表明边界两侧南北区域之间的贸易往来弱于南部、北部区域内的贸易。实际上,本章识别得到的南北边界并非真实的贸易壁垒,它反映的是我国区域间贸易联系,回归系数越低表明区域间贸易比例越低,回归系数越高表明区域间贸易联系频繁。根据 OLS 回归结果,1992—2017 年跨南北边界的国内贸易比南部、北部区域内部贸易平均少 32.97%—41.73%[①]。在相似的贸易研究领域,加拿大和美国之间的贸易比各自国内贸易少 80.8%左右(Anderson et al.,2003),德国国内的贸易平均少 20.5%左右(Nitsch et al.,2013),美国南北战争前联邦和联盟的边界导致当今美国南、北区域之间的贸易比各自内部贸易少 12.8%(Felbermayr et al.,2014),日本东、西区域之间的贸易比东部、西部各自区域内部贸易少 51.3%左右(Wrona,2018)。相比之下,中国国内贸易的南北分割处于中等水平。

2. 基于迭代式回归法

通过启发式搜索算法得到的是每个省份被分配到南部市场的概率,而算法的分组具有一定的随机性和机械性,以 50%为分配标准得到的边界并不一定是空间分割最严重的边界。因此,本章在启发式搜索算法基础之上,利用迭代式回归法将沿界各省逐个引入对方区

---

① $(e^{-0.40}-1)*100\%=-32.97\%$,$(e^{-0.54}-1)*100\%=-41.73\%$。

表 5.1 中国国内贸易地理空间边界效应估计结果：基于启发式搜索算法

变量	OLS_FE						PPML_FE					
	1992 年	1997 年	2002 年	2007 年	2012 年	2017 年	1992 年	1997 年	2002 年	2007 年	2012 年	2017 年
$Border^{RS}$	−0.54***	−0.54***	−0.40***	−0.40***	−0.40***	−0.45***	−0.53***	−0.50***	−0.41***	−0.34***	−0.32***	−0.30***
	(0.06)	(0.06)	(0.05)	(0.05)	(0.05)	(0.05)	(0.02)	(0.01)	(0.01)	(0.01)	(0.00)	(0.00)
$Home^{RS}$	2.33***	2.24***	2.25***	2.12***	2.11***	2.48***	2.19***	2.23***	2.38***	2.21***	2.19***	2.51***
	(0.21)	(0.21)	(0.20)	(0.21)	(0.21)	(0.19)	(0.04)	(0.02)	(0.02)	(0.01)	(0.01)	(0.01)
$Adjacent^{RS}$	0.23**	0.23**	0.29***	0.30***	0.34***	0.40***	0.18***	0.23***	0.29***	0.26***	0.23***	0.31***
	(0.11)	(0.11)	(0.10)	(0.10)	(0.10)	(0.10)	(0.02)	(0.01)	(0.01)	(0.01)	(0.00)	(0.00)
$Region^{RS}$	0.06	0.12	0.09	0.10	0.14	0.11	−0.26***	−0.30***	−0.25***	−0.34***	−0.29***	−0.35***
	(0.10)	(0.10)	(0.10)	(0.10)	(0.10)	(0.09)	(0.02)	(0.01)	(0.01)	(0.01)	(0.00)	(0.00)
D^{RS}	−0.88***	−0.90***	−0.87***	−0.89***	−0.89***	−0.82***	−0.85***	−0.84***	−0.73***	−0.81***	−0.85***	−0.84***
	(0.08)	(0.08)	(0.08)	(0.08)	(0.08)	(0.08)	(0.02)	(0.01)	(0.01)	(0.01)	(0.00)	(0.00)
$Constant$	8.69***	9.71***	10.12***	11.02***	11.54***	11.01***	8.27***	9.12***	9.02***	10.41***	11.12***	11.03***
	(0.58)	(0.58)	(0.55)	(0.56)	(0.57)	(0.53)	(0.12)	(0.07)	(0.06)	(0.04)	(0.02)	(0.02)
$Obs.$	784	784	784	784	784	784	784	784	784	784	784	784
R^2	0.86	0.87	0.87	0.87	0.87	0.88	0.97	0.98	0.98	0.98	0.98	0.99

注：1.括号内为标准差。2. *** 在 1% 的水平上显著；** 在 5% 的水平上显著；* 在 10% 的水平上显著。

域进行回归,通过寻找最大的空间边界效应值,来进一步明确空间边界的地理位置。具体回归步骤如下:首先,将启发式搜索算法得到的空间边界设置为基础边界,将与边界相邻的南部省份逐个引入北部区域,分别对公式(5.1)进行回归检验,如果 $Border^{RS}$ 回归系数下降,说明该省与北部区域贸易联系更加紧密。其次,对 $Border^{RS}$ 回归系数下降的组合进行下一轮回归,将与基础边界相邻的北部省份逐个引入南部区域,再对公式(5.1)进行回归检验,依次类推进行双向迭代。再次,如果新一轮回归所有 $Border^{RS}$ 回归系数均未下降,则停止迭代,边界效应值最大的边界即为本章要寻找的国内贸易空间分割边界。最后,为了排除迭代的初始方向的不同会导致分配结果有差异,本章还从南部市场开始,将与市场边界相邻的北部省份逐个引入南部市场,重复上述双向迭代过程,最终发现结果并没有发生变化。

通过迭代式回归法,本章得到了 1992—2017 年我国最终国内贸易空间分割边界,如图 5.3 虚线所示,与启发式搜索算法不同的是,甘肃一直被分配在北部区域,1992 年、1997 年以及 2017 年陕西均被分配到了北部区域,其他省份的分配与启发式搜索算法结果保持相同。对最终的国内贸易空间分割边界进行回归,结果如表 5.2 所示。

首先,我国国内贸易存在明显的南北空间分割。在所有回归中,南北空间边界($Border^{RS}$)的回归结果均显著为负,从 OLS 回归结果来看,南、北区域之间的贸易比南部、北部市场内部贸易少 36.24%—45.12%。同时,1992—2017 年,国内贸易的南北空间分割整体上呈现下降的趋势,即国内贸易的南北一体化程度有所提高。

其次,省级行政边界对国内贸易的阻碍作用依旧最强。与表 5.1 的结果相比,加入南北空间分割边界变量($Border^{RS}$)以后,省级行政边界($Home^{RS}$)回归系数有所上升,说明不考虑国内贸易南北空间分

表 5.2　中国国内贸易地理空间边界效应估计结果：基于迭代式回归法

变量	OLS_FE						PPML_FE					
	1992 年	1997 年	2002 年	2007 年	2012 年	2017 年	1992 年	1997 年	2002 年	2007 年	2012 年	2017 年
$Border^{RS}$	−0.60***	−0.60***	−0.46***	−0.46***	−0.45***	−0.49***	−0.59***	−0.55***	−0.45***	−0.37***	−0.36***	−0.38***
	(0.06)	(0.06)	(0.05)	(0.05)	(0.05)	(0.05)	(0.02)	(0.01)	(0.01)	(0.01)	(0.00)	(0.00)
$Home^{RS}$	2.35***	2.26***	2.30***	2.17***	2.16***	2.50***	2.15***	2.20***	2.39***	2.21***	2.19***	2.49***
	(0.21)	(0.21)	(0.20)	(0.20)	(0.21)	(0.19)	(0.04)	(0.02)	(0.02)	(0.01)	(0.01)	(0.01)
$Adjacent^{RS}$	0.24**	0.23**	0.28***	0.29***	0.33***	0.40***	0.20***	0.25***	0.30***	0.26***	0.23***	0.32***
	(0.11)	(0.11)	(0.10)	(0.10)	(0.10)	(0.10)	(0.02)	(0.01)	(0.01)	(0.01)	(0.00)	(0.00)
$Region^{RS}$	−0.03	0.02	0.07	0.07	0.12	0.03	−0.33***	−0.36***	−0.26***	−0.34***	−0.30***	−0.40***
	(0.10)	(0.10)	(0.10)	(0.10)	(0.10)	(0.09)	(0.02)	(0.01)	(0.01)	(0.01)	(0.00)	(0.00)
D^{RS}	−0.90***	−0.92***	−0.85***	−0.87***	−0.87***	−0.83***	−0.88***	−0.86***	−0.73***	−0.80***	−0.84***	−0.84***
	(0.08)	(0.08)	(0.08)	(0.08)	(0.08)	(0.08)	(0.02)	(0.01)	(0.01)	(0.01)	(0.00)	(0.00)
$Constant$	8.78***	9.80***	9.99***	10.90***	11.42***	11.06***	8.45***	9.24***	9.00***	10.40***	11.10***	11.10***
	(0.57)	(0.57)	(0.55)	(0.55)	(0.56)	(0.52)	(0.12)	(0.07)	(0.06)	(0.04)	(0.02)	(0.02)
$Obs.$	784	784	784	784	784	784	784	784	784	784	784	784
R^2	0.86	0.87	0.88	0.87	0.87	0.88	0.97	0.98	0.98	0.98	0.98	0.99

注：1.括号内为标准差。2.*** 在 1% 的水平上显著；** 在 5% 的水平上显著；* 在 10% 的水平上显著。

割格局,行政边界对贸易的阻碍作用可能会被低估。同时,1992—2017 年省级行政边界对贸易的阻碍作用呈现先下降后上升的 U 形关系,$Home^{RS}$ 变量的回归系数在 2.16—2.50 之间浮动,且均在 1% 的水平上显著,行政边界效应在 8.67—12.18 之间。从各类边界回归结果来看,省级行政边界的回归系数最大,同时也表明省级行政边界在省际、区域间经济交流中的影响更大。邻近变量($Adjacent^{RS}$)的回归结果均显著为正,且从 1992 年到 2017 年有上升的趋势,各省份对邻近省份的贸易偏好逐渐提高,邻近效应的提高除了有地理距离的影响,还有可能是邻近省份在产业、技术以及政策方面的相似性使得双边贸易更加便利。

最后,地理距离对省际贸易的阻碍作用有下降的趋势。距离变量(D^{RS})的回归结果均显著为负,回归系数在一1 左右,相比于各类边界变量而言,地理距离对省际贸易的阻碍作用仅次于省级行政边界,一定程度解释了各省贸易的本地偏好的原因。同时,随着时间的推移,距离变量回归系数逐渐减小,说明随着我国交通运输系统的不断完善,贸易成本的下降,地理距离对省际贸易的阻碍作用逐渐降低。

3. 中国国内贸易地理空间分割边界等价关税

基于启发式搜索算法和迭代式回归法最终识别得到了我国国内贸易地理空间分割边界,将历年南北边界效应换算为"等价关税"可以更直观地了解我国国内贸易空间分割水平(Poncet,2003),从价关税可以表示为:

$$Tariff\ Equivalent = e^{\left(\frac{-\beta_1}{\sigma-1}\right)} - 1 \tag{5.7}$$

β_1 为南北边界变量的回归系数,$(\sigma-1)$ 为各省从外省调入产品对贸易成本弹性系数。大量学者对产品的替代弹性进行估算,Yilmaz-kuday(2012)估算得到的美国国内贸易替代弹性在 1.61—5.99 之间,均值为 3.01;Head et al.(2015)通过总结 32 篇相关论文的估计结果,发现贸易成本替代弹性的中位数为 3.19,均值为 4.51;Wrona(2018)通过使用引力模型对日本省际贸易成本替代弹性进行估计,结果显示各部门贸易替代弹性在 1.03—3.79 之间浮动,全样本替代弹性为 1.56。本章替代弹性分别选取 1.56、3.19、4.51 以及 5.99 对历年南北空间分割边界的等价关税进行较为全面的估算,结果见表 5.3。

表 5.3　中国国内贸易地理空间边界等价关税　　（单位:%）

替代弹性	1992 年	1997 年	2002 年	2007 年	2012 年	2017 年
−1.56	46.43	46.62	34.47	34.38	33.78	36.55
−3.19	20.50	20.58	15.58	15.55	15.29	16.46
−4.51	14.10	14.15	10.79	10.76	10.59	11.38
−5.99	10.44	10.48	8.02	8.00	7.87	8.45

总体而言,1992—2017 年,国内贸易南北空间边界效应的等价关税在 7.87%—46.62% 之间。根据《中国开放发展报告 2019》,目前中国国际贸易的加权平均税率只有 4.4%,接近欧美发达经济体的水平,相比之下国内贸易南北空间分割远大于关税对国际贸易的影响。

4. 中国国内贸易地理空间分割衰减速度

本章实证结果显示,我国国内贸易的南北空间分割显著而又持久。从 1992 年到 2017 年,随着我国基础设施不断完善、产业布局的优化等等,我国贸易的南北分割呈现下降趋势。那么随着国内环境的不断优化,我国国内贸易南北分割的局面多久可以消除? 本章借鉴 Nitsch et al.(2013)的方法进行估算。根据表 5.2 南北分割边界变量回归系数,我们可以计算边界效应年平均下降率(λ),假设 1992—2017 年下降速率呈现线性趋势,那么消除南北贸易分割所需要的时间为:

$$Time\ to\ zero = \frac{\ln(Statistical\ Zero/\beta_{1,\ Baseyear}^{NS})}{\ln(1+\lambda)} \tag{5.8}$$

其中,Statistical Zero 代表 1992—2017 年南北分割边界回归结果的平均标准差。OLS 回归结果平均标准差为 0.054,1992—2017 年平均下降率 λ 为 -0.0081[1]。因此,我国需要 1992 年之后的 294 年[2]左右才能消除国内贸易的南北分割格局,即到 2286 年左右南北区域间贸易与南北区域各自内部贸易没有统计学上的差异。换言之,按照目前的年平均下降率,我国国内贸易南北分割的格局可能会长期存在。

Nitsch 和 Wolf(2013)通过上述方法计算德国消除德边界效应所需要的时间,结果显示需要 33—35 年左右可以消除德国东西贸易分化格局。自 1990 年德国统一之后,东西德之间取消关税、统一制度、加强德基础设施建设等等,因此消除德贸易分化格局所需时间较短。相比之下,我国是一个统一的国家,不存在省级行政边界之外的政治壁垒,仅仅依靠基础设施建设的增强、优化产业布局等措施,加之我国幅员辽阔,难以改变我国国内贸易的南北分割格局。

---

① $\lambda = \left(\dfrac{-0.486}{-0.595}\right)^{\frac{1}{25}} - 1 = -0.0081$。

② $\dfrac{\ln(0.055/0.595)}{\ln(1-0.0081)} = 294.19$。

（三）中国国内贸易边界效应的省级水平检验

为了对比分析各省份行政边界和南北分割边界对各省份国内贸易的影响,本章对省级水平的边界效应进行了实证检验。具体做法是将流出省份中包含地区 R 和流入省份中包含地区 S 的数据代入方程式(5.1)进行回归。考虑到省级层面的回归样本量较小,且 PPML(伪泊松最大似然法)不要求因变量呈正态分布,并可以自然地处理异方差问题,因此本小节以 PPML 回归为主,回归结果如表 5.4所示。

首先,我国各省份国内贸易的南北分割与其地理位置和交通便利程度密切相关。从南北边界变量的回归结果来看,内蒙古、黑龙江、广东、贵州和云南的回归系数较低,跨区域贸易比例较低。这些省份的共同特点是位于我国的边缘地区,距离南北边界较远,选择跨区域贸易并不经济。相反,山西、上海、江苏、安徽和陕西的回归系数较高,这些省份位于我国中部地区,地理位置优越,南北交通发达,因此这些省份与南北区域的贸易均较为频繁。这些地理位置优越的省份由于便利的交通条件和较为发达的基础设施,能够更有效地进行跨区域贸易,从而在全国范围内建立起更加紧密的经济联系。

其次,南北优势产业的差异导致北方省份的区域间贸易比例上升,而南方省份的区域间贸易比例下降。从南北边界变量的回归结果来看,北方省份的回归系数普遍高于南方省份,即北方省份的区域间贸易比例高于南方各省份。同时,北方省份的区域间贸易比例逐渐提高,例如河北、内蒙古、辽宁、吉林、甘肃和青海,而南方省份的区域间贸易比例则有所下降,例如江西、湖南和广西。北方地区由于资源禀赋和历史布局等因素,形成了较"重"的产业结构,产品附加值较低,同时不具备较强拉动力的战略性新兴产业环境,因此北方省份更加偏好"舍近求远"进行跨区域贸易,北方的资源优势并未转变为经济优势。随着南方省份高附加值制造业的崛起,战略性新兴产业发展取得了较好的成绩,逐渐形成规模经济,其产品可以辐射全国,南方省份只需进行区域内贸易即可满足需求,甚至更加强调区域内的经济联系和协作。

再次,省级行政边界的大小与各省的产出结构、地理位置以及人口规模相关。从省级行政边界变量的回归结果来看,对于生产能力较强、产业结构相对全面的省份而言,省内贸易即可满足需求,省际贸易比例相对较低,例如上海、江苏、山东和湖北。而产业结构较为单一的省份则需要与其他省份进行贸易,因此省级行政边界效应较低,例如吉林、黑龙江、福建、广西和贵州。同时,出于地理位置和运输成本的考虑,一些边远地区与其他省份的贸易比例较低,显示出较高的行政边界效应,例如内蒙古、山西、甘肃和新疆。除此之外,人口规模和经济总量较大的省份的省内贸易比例较高,例如山东。地理位置的便利性和运输成本的低廉使得这些省份能够更高效地进行省际贸易,从而减少了行政边界对贸易的阻碍作用。

最后,1992—2017 年,北方省份的南北边界效应下降较多,例如河北、内蒙古、辽宁、吉林、甘肃和青海,而南方省份的南北边界效应则上升较多,例如江西、湖南和广西。随着南方省份高附加值制造业的崛起,战略性新兴产业发展取得了较好的成绩,各个产业逐渐形成规模经济,其产品可以辐射全国。而北方地区由于资源禀赋和历史布局等因素,形成了较"重"的产业结构,产品附加值较低,同时没有形成加快发展的产业环境,不具备较强拉动力的战略性新兴产业环境。因此,北方省份更加偏好"舍近求远"进行跨区域贸易,而南方省份只需进行区域内贸易即可满足需求,甚至更加偏好区域内贸易。

实际上,本章识别出的国内贸易南北分割边界并非真正的贸易壁垒,而是反映了我国国内贸易的区域化偏好。1992—2017年,我国国内贸易的南北贸易分割有下降的趋势,这主要由南北产业发展的不均衡所致,导致南方地区更加偏好区域内贸易,北方地区则与南方省份的贸易联系有所加强。这种现象表明,我国国内市场一体化进程在不断推进,但仍存在显著的区域分割,需要通过政策调整和区域协调发展来进一步促进全国范围内的经济融合。同时,通过优化区域产业布局和降低省际贸易成本,可以有效提升资源配置效率,促进全国范围内的经济协调发展。

表5.4　中国国内贸易边界效应的省级检验

地区	$Home^{RS}$			$Border^{RS}$		
	1992年	2007年	2017年	1992年	2007年	2017年
北京	2.418***	2.308***	2.375***	0.042	0.261***	0.538***
天津	1.826***	1.435***	2.503***	−0.614***	−0.519***	−0.153***
河北	3.022***	2.514***	2.012***	−0.433***	−0.383***	0.060***
山西	1.799***	0.322***	1.004***	0.279**	0.426***	0.544***
内蒙古	5.184***	4.492***	4.379***	−1.592***	−1.133***	−0.914***
辽宁	1.606***	0.930***	1.277***	−0.462***	−0.264***	−0.015
吉林	0.752***	0.609***	1.209***	−0.725***	−0.477***	−0.119***
黑龙江	1.334***	1.349***	1.868***	−0.941***	−0.715***	−0.871***
上海	3.446***	2.366***	2.748***	0.084*	0.124***	0.469***
江苏	3.577***	2.800***	3.647***	0.097**	0.336***	0.716***
浙江	2.012***	1.340***	1.568***	−0.527***	−0.459***	−0.640***
安徽	2.362***	2.033***	2.083***	0.060	0.145***	0.113***
福建	0.541**	0.105	0.667***	0.123	0.248***	−0.257***
江西	1.218***	1.363***	1.695***	−0.124	−0.507***	−0.545***

地区	$Home^{RS}$			$Border^{RS}$		
	1992 年	2007 年	2017 年	1992 年	2007 年	2017 年
山东	3.742***	3.205***	3.889***	−0.344***	0.188***	0.348***
河南	2.081***	0.920***	0.925***	−0.534***	−0.715***	−0.746***
湖北	3.403***	2.839***	3.237***	−1.025***	−0.821***	−0.962***
湖南	2.035***	1.719***	2.507***	−0.833***	−1.060***	−1.171***
广东	4.039***	4.267***	4.175***	−1.401***	−1.250***	−1.475***
广西	0.742***	0.342***	0.336***	−0.626***	−0.523***	−0.880***
四川	3.810***	3.341***	3.812***	−0.699***	−0.801***	−0.782***
贵州	0.213	−0.119	1.093***	−1.062***	−1.091***	−1.149***
云南	2.781***	2.228***	2.945***	−1.177***	−1.291***	−1.268***
陕西	4.741***	3.705***	3.738***	−0.189***	−0.308***	−0.001
甘肃	5.515***	5.297***	4.095***	−0.361***	−0.222***	0.076*
青海	2.969***	2.204***	2.465***	−0.201	0.015	0.289***
宁夏	2.818***	2.908***	2.884***	−0.803***	−0.810***	−0.532***
新疆	5.405***	5.135***	3.282***	−0.458***	−0.386***	−0.272***

注：1.括号内为标准差。2.*** 在 1%的水平上显著；** 在 5%的水平上显著；* 在 10%的水平上显著。

三、稳健性检验

为了确保本章识别出的国内贸易南北分割格局的可靠性，下文将分别通过使用部门贸易数据、替换距离变量的方法进行稳健性检验。

（一）使用省际部门贸易数据

本章主要通过将部门数据进行加总，获得省际贸易总流量进行实证研究。部分文献表明使用加总数据可能会产生聚合偏误,因此本章利用部门数据进行稳健性检验(Coughlin et al.,2016;Wrona,2018),考虑到部分省际部门贸易数据为零的情况,为了获得一致的检验结果,本章使用 PPML 对部门数据进行稳健性检验,检验结果如表4.6所示。PPML 回归结果与前文的实证检验基本一致,边界变量的回归系数相差不大,且行政边界效应呈现先下降后上升的趋势,南北空间分割逐渐下降。因此,使用部门贸易数据的回归结果依旧显示出显著的南北分割格局和行政边界效应,进一步说明本章的实证结果是稳健的。

表5.5　稳健性检验:基于部门贸易数据

	1992 年	1997 年	2002 年	2007 年	2012 年	2017 年
$Border^{RS}$	−0.591***	−0.554***	−0.450***	−0.371***	−0.358***	−0.381***
	(0.017)	(0.010)	(0.008)	(0.005)	(0.003)	(0.003)
$Home^{RS}$	2.149***	2.202***	2.391***	2.211***	2.195***	2.489***
	(0.036)	(0.022)	(0.018)	(0.012)	(0.007)	(0.007)
$Adjacent^{RS}$	0.198***	0.245***	0.296***	0.261***	0.229***	0.321***
	(0.024)	(0.014)	(0.012)	(0.007)	(0.005)	(0.004)
$Region^{RS}$	−0.331***	−0.356***	−0.263***	−0.344***	−0.297***	−0.399***
	(0.023)	(0.014)	(0.011)	(0.007)	(0.005)	(0.004)
$\ln D^{RS}$	−0.878***	−0.859***	−0.726***	−0.801***	−0.842***	−0.844***
	(0.019)	(0.012)	(0.010)	(0.006)	(0.004)	(0.004)
$Constant$	5.188***	5.983***	5.741***	7.139***	7.843***	7.839***
	(0.119)	(0.071)	(0.058)	(0.038)	(0.024)	(0.022)
$Obs.$	20384	20384	20384	20384	20384	20384
R^2	0.682	0.708	0.699	0.700	0.697	0.702

注:1.括号内为标准差。2. *** 在1%的水平上显著;** 在5%的水平上显著;* 在10%的水平上显著。

（二）使用省会城市间最短铁路距离

与此同时，大多数研究表明，$Home^{RS}$ 的回归结果对贸易距离的测量方法极度敏感，因此我们通过使用其他距离数据来检验边界效应，本章将使用两省份省会城市最短铁路距离进行稳健性检验。回归结果如表 5.6 所示，南北边界变量、行政边界变量回归系数较之前略有下降，但是仍然显示出明显的南北分割和行政边界效应。1992—2017 年，南北边界效应在 33.63%—42.31% 之间波动，呈现先下降的趋势；行政边界效应为 6.75—10.18，呈现先下降后上升，进一步证明了本章边界效应实证结果的稳健性。

边界效应形成的原因主要有政治壁垒、基本因素以及统计伪像。在控制了省级行政边界、经济区域边界等政治壁垒因素之后，我国国内贸易依旧存在其他空间维度的分割，从而排除了政治壁垒的原因。空间边界变量回归结果始终稳定为负，从而排除了统计伪像的可能性。换言之，我国国内贸易的空间分割主要是由区域之间的基本因素差异导致。迄今为止，没有证据表明存在一个"无边界"的世界（Leamer，2007），没有一个贸易主体内部结构是完全均质的，基本因素的差异会导致其内部贸易出现不均衡的现象。因此，我国国内贸易空间格局很大程度上是由政策之外的产业结构、自然禀赋或者消费习惯等因素引起的贸易集聚，各区域从贸易成本的角度出发更倾向于选择区域内的贸易对象。更确切地说，不是空间边界割裂了区域之间的贸易往来、经济联系，而是国内贸易在市场机制的作用下主动形成了当前的空间格局。

表 5.6　稳健性检验：基于省会城市间最短铁路距离

变量	OLS_FE						PPML_FE					
	1992 年	1997 年	2002 年	2007 年	2012 年	2017 年	1992 年	1997 年	2002 年	2007 年	2012 年	2017 年
$Border^{RS}$	−0.55***	−0.55***	−0.43***	−0.42***	−0.41***	−0.45***	−0.56***	−0.51***	−0.43***	−0.34***	−0.32***	−0.34***
	(0.06)	(0.06)	(0.05)	(0.05)	(0.05)	(0.05)	(0.02)	(0.01)	(0.01)	(0.01)	(0.00)	(0.00)
$Home^{RS}$	2.13***	2.03***	2.07***	1.93***	1.91***	2.32***	1.96***	2.00***	2.14***	2.02***	1.94***	2.23***
	(0.21)	(0.21)	(0.20)	(0.20)	(0.20)	(0.19)	(0.04)	(0.02)	(0.02)	(0.01)	(0.01)	(0.01)
$Adjacent^{RS}$	0.19*	0.19*	0.23**	0.24**	0.27***	0.37***	0.13***	0.16***	0.20***	0.18***	0.13***	0.23***
	(0.10)	(0.10)	(0.10)	(0.10)	(0.10)	(0.09)	(0.02)	(0.01)	(0.01)	(0.01)	(0.00)	(0.00)
$Region^{RS}$	−0.11	−0.06	−0.02	−0.02	0.03	−0.04	−0.40***	−0.42***	−0.33***	−0.41***	−0.38***	−0.46***
	(0.10)	(0.10)	(0.09)	(0.10)	(0.10)	(0.09)	(0.02)	(0.01)	(0.01)	(0.01)	(0.00)	(0.00)
D^{RS}	−0.99***	−1.01***	−0.96***	−0.98***	−0.99***	−0.91***	−0.98***	−0.97***	−0.86***	−0.91***	−0.99***	−0.98***
	(0.08)	(0.08)	(0.08)	(0.08)	(0.08)	(0.07)	(0.02)	(0.01)	(0.01)	(0.01)	(0.00)	(0.00)
$Constant$	9.56***	10.59***	10.82***	11.76***	12.33***	11.72***	9.34***	10.19***	10.05***	11.31***	12.26***	12.21***
	(0.57)	(0.57)	(0.55)	(0.55)	(0.56)	(0.53)	(0.13)	(0.08)	(0.06)	(0.04)	(0.03)	(0.02)
$Obs.$	784	784	784	784	784	784	784	784	784	784	784	784
R^2	0.87	0.87	0.88	0.88	0.87	0.89	0.97	0.98	0.98	0.98	0.98	0.99

注：1.括号内为标准差。2.*** 在 1%的水平上显著；** 在 5%的水平上显著；* 在 10%的水平上显著。

四、省际贸易空间分割影响因素分析

结合既有研究,本小节首先分析基本因素的省际差异对国内贸易以及边界效应的影响,进而讨论重点因素的地理分布对国内贸易地理空间分割格局的影响。受篇幅限制,本文分析样本中间年份(2007年)基本因素对国内贸易的影响。

（一）控制基本因素

1. 社会网络

控制社会网络相关变量的回归结果如表 5.7 所示,省际流入人口(IM^{RS})、省际流出人口(OM^{RS})的回归系数均显著为正,省际流动人口增加 1％使省际贸易提高 0.32％—0.35％;迁移成本(MC^{RS})的回归结果显著为负,迁移成本上升 1％,省际贸易下降 0.34％左右。与表 5.2 相比,控制社会网络变量后所有边界变量($Border^{RS}$)回归结果均大幅度上升,进一步验证了社会网络对于国内贸易的积极意义,促进劳动力流动、降低省际迁移成本有助于缓解国内贸易的南北空间分割、提高区域之间的贸易交流。

表 5.7　2007 年中国国内贸易地理空间边界效应:控制社会网络、产业结构差异

变量	(1)	(2)	(3)	(4)
$Border^{RS}$	−0.293*** (0.051)	−0.310*** (0.052)	−0.372*** (0.052)	−0.430*** (0.053)
IM^{RS}	0.349*** (0.028)			

(续表)

变量	(1)	(2)	(3)	(4)
OM^{RS}		0.318***		
		(0.029)		
MC^{RS}			−0.320***	
			(0.035)	
PS^{RS}				0.711***
				(0.122)
$Home^{RS}$	1.390***	1.467***	1.722***	1.508***
	(0.196)	(0.198)	(0.199)	(0.229)
$Adjacent^{RS}$	0.046	0.077	0.152	0.315***
	(0.095)	(0.096)	(0.098)	(0.100)
$Region^{RS}$	0.095	0.091	0.074	0.158
	(0.088)	(0.089)	(0.092)	(0.096)
D^{RS}	−0.537***	−0.561***	−0.651***	−0.952***
	(0.079)	(0.079)	(0.080)	(0.080)
$Constant$	6.736***	7.063***	10.450***	11.311***
	(0.607)	(0.615)	(0.527)	(0.546)
$Obs.$	780	780	784	784
R^2	0.896	0.893	0.887	0.880

注:1.括号内为标准差。2.***、**和*分别代表在1%、5%和10%的水平上显著。3.所有回归均控制了贸易流出省和流入省的固定效应,为了节约篇幅,未予展示。

2. 产业结构

引入产业结构差异变量(PS^{RS})的回归结果如表5.7所示,产业结构差异变量(PS^{RS})的回归结果显著为正,省际产业结构差异增加1%,省际贸易增加0.71%。同时,与表5.2相比,控制了省际产业结构差异,南北边界回归系数上升,即省际产业结构差异有助于促进南北区域之间的贸易交流。

3. 要素禀赋

控制省际要素禀赋差异的回归结果如表5.8所示,其他文献一致,要素禀赋差异对省际贸易、边界效应的影响较小(Felbermayr and Gröschl,2014),资本存量差异($Capital^{RS}$)回归系数均显著为正,省际资本存量差异增加1%,省际贸易仅提高0.08%;技术进步差异($Tfpch^{RS}$)回归结果为负,即省际技术进步差异的提高有碍于省际贸易交流;其余变量回归结果不显著。最后,控制要素禀赋差异后边界变量回归结果变化不大。

表5.8　2007年中国国内贸易地理空间边界效应:控制要素禀赋差异

变量	(1)	(2)	(3)	(4)	(5)
$Border^{RS}$	−0.450***	−0.464***	−0.454***	−0.457***	−0.462***
	(0.054)	(0.054)	(0.054)	(0.054)	(0.054)
$Capital^{RS}$	0.076***				
	(0.024)				
Edu^{RS}		−0.026			
		(0.033)			
Emp^{RS}			−0.031		
			(0.026)		
$Tfpch^{RS}$				−0.053*	
				(0.029)	
$Land^{RS}$					−0.020
					(0.025)
$Home^{RS}$	2.734***	2.201***	1.964***	2.367***	2.016***
	(0.270)	(0.207)	(0.267)	(0.229)	(0.283)
$Adjacent^{RS}$	0.287***	0.296***	0.293***	0.284***	0.290***
	(0.102)	(0.102)	(0.102)	(0.102)	(0.102)
$Region^{RS}$	0.090	0.072	0.066	0.072	0.072
	(0.096)	(0.097)	(0.097)	(0.097)	(0.097)

（续表）

变量	(1)	(2)	(3)	(4)	(5)
D^{RS}	−0.880***	−0.860***	−0.869***	−0.873***	−0.870***
	(0.081)	(0.082)	(0.081)	(0.081)	(0.081)
$Constant$	10.316***	10.889***	11.096***	10.679***	11.062***
	(0.581)	(0.554)	(0.577)	(0.566)	(0.591)
$Obs.$	784	784	784	784	784
R^2	0.876	0.874	0.875	0.875	0.874

注:1.括号内为标准差。2. *** 、** 和 * 分别代表在1%、5%和10%的
水平上显著。3.所有回归均控制了贸易流出省和流入省的固定效应,为了节
约篇幅,未予展示。

4. 人口因素

控制人口因素的回归结果如表 5.9 所示,地区间人口总量
(Pop^{RS})、人口密度($Denpop^{RS}$)以及生育率($Fettility^{RS}$)差异对省
际贸易的影响都是微不足道的,而城镇化率差异($Urban^{RS}$)回归结果
显著为正。我国户籍制度的存在意味着劳动力是否可以享受许多排
他性的公共产品,包括医疗、教育等,城镇化率的提高有助于促进劳动
力流动,尤其是流向贸易中心城市,劳动要素的合理配置有利于提高地
区的国内贸易竞争力,促进区域间贸易交流,缓解国内贸易的南北分
割。此外,控制人口因素差异对各边界变量的回归结果影响较小。

表 5.9　2007 年中国国内贸易地理空间边界效应:控制人口因素差异

变量	(1)	(2)	(3)	(4)
$Border^{RS}$	−0.459***	−0.461***	−0.465***	−0.452***
	(0.054)	(0.054)	(0.054)	(0.054)
Pop^{RS}	−0.016			
	(0.026)			

（续表）

变量	(1)	(2)	(3)	(4)
$Denpop^{RS}$		-0.011		
		(0.025)		
$Fertility^{RS}$			-0.026	
			(0.028)	
$Urban^{RS}$				0.056^{**}
				(0.026)
$Home^{RS}$	2.126^{***}	2.096^{***}	2.194^{***}	2.234^{***}
	(0.216)	(0.269)	(0.205)	(0.205)
$Adjacent^{RS}$	0.288^{***}	0.292^{***}	0.304^{***}	0.270^{***}
	(0.102)	(0.102)	(0.103)	(0.102)
$Region^{RS}$	0.069	0.075	0.067	0.091
	(0.097)	(0.097)	(0.097)	(0.097)
D^{RS}	-0.872^{***}	-0.870^{***}	-0.853^{***}	-0.897^{***}
	(0.081)	(0.081)	(0.083)	(0.082)
$Constant$	10.959^{***}	10.977^{***}	10.813^{***}	10.802^{***}
	(0.563)	(0.582)	(0.562)	(0.554)
$Obs.$	784	784	784	784
R^2	0.874	0.874	0.874	0.875

注:1.括号内为标准差。2. ***、** 和 * 分别代表在1%、5%和10%的水平上显著。3.所有回归均控制了贸易流出省和流入省的固定效应,为了节约篇幅,未予展示。

5. 开放程度

控制开放程度差异后的回归结果如表 5.10 所示,出口、进口开放度差异(Exp^{RS}、Imp^{RS})以及国际贸易成本差异(ITC^{RS})的回归结果均显著为正,两省份之间国际贸易开放程度差异越大,地区之间国际贸易成本差异越大,越有利于两省份之间发生国内贸易,即国际贸易与国内贸易存在一定程度的互补性,一个地区国际贸易越发达,其贸易制度、条件和产品则更加有优势，进一步促进了与开放程度较低的省份开展国内贸易。与此同时，控制省际开放程度差异对国内贸易空间分割边界效应的影响较小。

表 5.10　2007 年中国国内贸易地理空间边界效应：控制开放程度、人均收入差异

变量	（1）	（2）	（3）	（4）	（5）
$Border^{RS}$	−0.433***	−0.471***	−0.448***	−0.445***	−0.453***
	(0.053)	(0.053)	(0.053)	(0.054)	(0.054)
ITC^{RS}	123456				
	(0.024)				
Exp^{RS}		0.110***			
		(0.020)			
Imp^{RS}			0.119***		
			(0.024)		
$AGDP^{RS}$				0.075***	
				(0.026)	
$Wage^{RS}$					0.065**
					(0.026)
$Home^{RS}$	1.979***	0.810**	0.709**	2.779***	2.677***
	(0.200)	(0.318)	(0.355)	(0.291)	(0.288)
$Adjacent^{RS}$	0.271***	0.282***	0.292***	0.283***	0.285***
	(0.099)	(0.100)	(0.100)	(0.102)	(0.102)
$Region^{RS}$	0.149	0.088	0.131	0.102	0.089
	(0.095)	(0.095)	(0.096)	(0.097)	(0.097)
D^{RS}	−0.912***	−0.907***	−0.887***	−0.894***	−0.873***
	(0.079)	(0.080)	(0.080)	(0.081)	(0.081)
$Constant$	11.252***	12.350***	12.100***	10.164***	10.162***
	(0.542)	(0.604)	(0.596)	(0.607)	(0.628)
$Obs.$	784	784	784	784	784
R^2	0.881	0.879	0.878	0.876	0.875

注：1.括号内为标准差。2. ***、** 和 * 分别代表在 1％、5％和 10％的水平上显著。3.所有回归均控制了贸易流出省和流入省的固定效应，为了节约篇幅，未予展示。

6. 收入差距

收入差异对国内贸易具有双重影响,一方面,收入差异较大的省份,其消费结构差异较大,因此贸易交流可能较少(Hallak,2010);另一方面,工资差异是各省份比较优势来源之一(Melitz and Cuñat,2012),直接影响劳动力流动,进而影响国内贸易往来。控制人均收入差距因素的回归结果如表 5.10 所示,人均 GDP 差异($AGDP^{RS}$)和就业人员工资差异($Wage^{RS}$)的回归结果均显著为正,即收入差距的扩大可以促进省际贸易交流,但是对国内贸易地理空间分割的影响较小。

(二)控制基本因素的地理分布

控制了各基本要素差异之后可以发现,社会网络、产业结构差异以及国际贸易成本差异对我国国内贸易、南北空间分割的影响相对较大。本小节进一步控制了南北分割边界变量与以上变量的交互项,交互项符号为正则说明变量的地理分布有助于缓解国内贸易的南北分割,为负则说明变量的地理分布会强化南北分割。

回归结果如表 5.11 所示,模型(1)、(2)和(3)控制了省际流入人口、省际流出人口、迁移成本的地理分布,交互项的系数均不显著,即社会网络的地理分布对省际贸易交流、南北区域间贸易交流的影响相对较小。模型(4)控制了省际产业结构差异的地理分布,交互项显著为正且高达 0.42,即产业结构差异的南北地理分布使得南北区域之间的贸易交流增加了 12.45%[1],降低了我国国内贸易的南北分割。

---

[1] 根据 Wrona(2018)的处理办法,抽取产业结构差异 25、75 分位数的变量,对边界变量系数进行估算,南北边界变量回归系数在 $-0.511(-0.215-0.420*0.705=-0.511)$ 到 $-0.31(-0.215-0.420*0.256=-0.323)$ 之间波动,因此,迁移成本地理分布使东北边界效应下降了 $[(e^{-0.323}-1)-(e^{-0.511}-1)]*100\%=12.45\%$。

模型(5)控制了国际贸易成本差异的地理分布,交互项并不显著。

表 5.11 2007 年中国国内贸易地理空间分割边界效应:控制影响因素的地理分布

变量	(1)	(2)	(3)	(4)	(5)
$Border^{RS}$	−0.166	−0.356**	−0.572***	−0.215**	−0.435***
	(0.138)	(0.139)	(0.188)	(0.103)	(0.053)
IM^{RS}	0.361***				
	(0.031)				
$Border^{RS} * IM^{RS}$	−0.026				
	(0.027)				
OM^{RS}		0.314***			
		(0.031)			
$Border^{RS} * OM^{RS}$		0.010			
		(0.027)			
MC^{RS}			−0.342***		
			(0.040)		
$Border^{RS} * MC^{RS}$			0.052		
			(0.047)		
PS^{RS}				0.478***	
				(0.155)	
$Border^{RS} * PS^{RS}$				0.420**	
				(0.174)	
ITC^{RS}					0.165***
					(0.034)
$Border^{RS} * ITC^{RS}$					−0.010
					(0.044)
$Home^{RS}$	1.328***	1.489***	1.647***	1.619***	1.975***
	(0.206)	(0.208)	(0.210)	(0.233)	(0.201)
$Adjacent^{RS}$	0.036	0.080	0.143	0.282***	0.271***
	(0.096)	(0.097)	(0.098)	(0.101)	(0.099)
$Region^{RS}$	0.104	0.088	0.080	0.136	0.148
	(0.089)	(0.090)	(0.092)	(0.096)	(0.095)

(续表)

变量	(1)	(2)	(3)	(4)	(5)
D^{RS}	−0.538***	−0.561***	−0.651***	−0.972***	−0.914***
	(0.079)	(0.080)	(0.080)	(0.081)	(0.079)
Constant	6.687***	7.082***	10.537***	11.364***	11.267***
	(0.609)	(0.617)	(0.533)	(0.545)	(0.546)
Obs.	780	780	784	784	784
R^2	0.896	0.893	0.887	0.881	0.881

注：1.括号内为标准差。2.***、** 和 * 分别代表在 1%、5% 和 10% 的水平上显著。3.所有回归均控制了贸易流出省和流入省的固定效应，为了节约篇幅，未予展示。

总而言之，尽管社会网络、产业结构差异、要素禀赋、开放程度、人口因素以及人均收入等因素对国内贸易和地理空间边界效应有正向或负向的影响，然而在控制了上述因素之后，国内贸易地理空间边界效应依旧存在。基本因素的差异会导致我国内部贸易出现不均衡的现象，各地区出于地理距离和贸易成本的角度考虑贸易对象，在市场机制的作用之下形成了我国当前的国内贸易南北分割的格局。更确切地说，不是空间边界割裂了区域之间的贸易往来、经济联系，而是国内贸易在市场机制的作用下主动形成了当前的空间格局。

五、本章小结

本章为区域经济一体化和国内贸易的研究提供了新视角和新角度。本章发现与中国的经济分化格局相同，中国国内贸易存在明显的南北空间分割，并非东西分割。研究结果表明：第一，从 1992 年到 2017 年，南部和北部地区区域内贸易比例较高，南部、北部地区之间贸易比区域内贸易少36.24％—45.12％,总体呈现下降的趋势。换言之,我国区域间贸易整合程度有所提高,南北贸易空间分割程度逐渐下降。第二,各省行政边界对贸易的阻碍作用最为明显,呈现先下降后上升的趋势;各省对周围邻近省份的贸易偏好呈现上升的趋势;地理距离对省际贸易的阻碍作用逐渐降低。第三,南北贸易分化边界的等价关税在7.87％—46.62％之间,高于我国国际贸易加权平均关税,且我国贸易南北分割的格局可能会长期存在,改善交通基础设施以及优化产业布局可以促进区域之间的贸易交流,但是考虑到地理距离和贸易成本,最终难以消除这种南北格局。第四,本章还对省级水平边界效应进行实证检验,结果发现南北边界对北部地区贸易阻碍作用较小,对南部省份的贸易阻碍作用较大,阻碍作用的大小与各省份产业结构、地理位置相关。第五,社会网络、地区间产业结构差异不仅促进了省际贸易交流,还降低了国内贸易的南北分割。基本因素的差异会导致我国内部贸易出现不均衡的现象,各地区出于地理距离和贸易成本的角度考虑贸易对象,在市场机制的作用之下形成了我国当前的国内贸易南北分割的格局。

　　本章的研究价值和意义在于几个关键的方面,为理解和推进中国国内贸易的一体化提供了深入的分析和见解。首先,本章对中国国内贸易的空间格局进行了详尽的刻画,不仅揭示了行政边界对贸易流动的影响,还重点分析了行政边界之外的其他空间边界如何影响国内贸易。这种全面的分析拓宽了边界效应研究的内涵,提供了更为丰富的视角来理解国内贸易流动的复杂性。其次,本章从省级层面对国内贸易的空间格局进行了深入讨论,这为揭示我国不同地区之间的经济联系提供了重要的基础。通过分析各省份之间的贸易流动,本章揭示了区域经济一体化的现状和潜力,为进一步探索区域间的经济合作和协调发展提供了实证依据。最后,本章对影响国内贸易空间格局的因素进行了初步探讨,这对于制定建设全国统一大市场的相关政策具有重要意义。通过识别和分析影响贸易流动的关键因素,本章为政策制定者提供了宝贵的信息和建议,有助于设计和实施更为有效的政策措施,以降低贸易成本,促进市场一体化。这对于构建公平竞争的市场环境,提高资源配置效率,推动经济的持续健康发展具有重要的指导作用。

笔者认为,未来应进一步采取多种措施以打破省级行政分割,降低省际贸易成本,推动全国范围内的经济一体化。首先,需要深入分析各区域的地理、经济和社会特点,因地制宜地制定和实施相应的政策,通过优化产业布局,提升各区域的产业竞争力和协同效应。通过这种方式,不仅可以减少区域间的贸易障碍,还能促进各地区的资源和生产要素的高效配置,进而推动全国经济的均衡发展。其次,本章强调通过加快形成具有国际竞争力的贸易中心,以带动区域经济的发展。这样的贸易中心可以作为区域经济的增长极,吸引更多的投资和人才,促进技术创新和产业升级,从而发挥规模经济效应。通过这一途径,不仅可以提升区域经济的整体竞争力,还能为国家经济增长注入新的动力,实现更高质量的发展目标。本章的研究不仅拓展了边界效应的研究内涵,丰富了对国内贸易流动和空间格局的理解,还为区域经济政策的制定提供了新的视角和方法。通过深入探讨省际贸易的影响因素,研究为构建公平竞争、开放高效的国内统一市场提供了科学依据和实证支持。这对于在新时期实现区域经济的协调发展和国家的长期繁荣稳定具有重要的理论和实践意义。

结　语

本书从国内贸易的角度出发,讨论我国市场分割和国内统一大市场建设问题。

第一,通过分析 1992—2017 年省际贸易和国际贸易的数据,我们发现了我国各省份贸易的以下演变趋势和特点:首先,相比于国际贸易,各省份和各区域的国内贸易比例较高,尤其是初级产品的国内贸易比例高于制造业产品;同时,相比于区域间贸易,各省份和各地区的区域内部贸易比例较高,制造业产品的区域内部贸易比例高于初级产品。其次,货物贸易中心从东部地区向中西部地区转移,但产品服务贸易一直集中在东部地区,国际贸易对沿海区域的影响较大,而国内贸易对内陆省份的影响更加重要。最后,我国的国内贸易和国际贸易形成了以沿海省份为贸易中心、内陆地区为外围的"中心—外围"贸易格局。国内贸易主要集中在北部、东部以及南部沿海地区。从净流出贸易来看,北部沿海地区是国内初级产品净流出中心,东部和南部沿海地区为国内制造业产品贸易中心,这些地区同时也是进出口贸易中心。因此,我国的国内贸易和国际贸易都集中在沿海区域,以沿海省份为贸易中心,呈现出区域化的贸易特点。

第二,我国省级行政分割呈现出先下降后上升的倒 U 形趋势。一是,从行政边界效应的角度来看,行政边界效应从 2002 年的 2.7 下降到 2007 年的 2.0,再上升到 2017 年的 2.5,这意味着省内贸易是省际贸易的 6.42 至 8.85 倍。二是,省际贸易成本系数则从 1997 年的 2.1 下降到 2012 年的 1.7,再上升到 2017 年的 2.0,即省际贸易成本是省内贸易成本的 1.7 至 2.1 倍。三是,不同省份之间的行政边界效应和贸易成本存在很大差异,经济欠发达省份如青海、宁夏面临较高的省际贸易成本,而经济较发达省份如广东、江苏的省际贸易成本相对较低。四是,省际劳动力流动壁垒的下降、产业结构差异的存在以及财政收支状况的恶化,可能是增加省际贸易成本和提高市场分割的重要因素。五是,研究表明,最近十年我国省级行政分割现阶段有上升趋势,不利于国内市场整合。反事实分析显示,如果省际贸易成本降低 20%,将使 2017 年省际贸易比例从 20%提高到 34%,省际贸易规模将上升 70%。

第三,我国国内贸易的地理空间分割呈现出南北分割的特点。一是,从 1992 年到 2017 年,南北地区之间的贸易量比各自区域内部贸易少 36.24%—45.12%。尽管南北贸易分割程度有下降趋势,表明南北区域间贸易整合程度有所提高,但南北贸易分化边界的等价关税在 7.87%—46.62%之间,高于我国国际贸易的加权平均税率,表明国内贸易南北分割格局可能会长期存在。二是,1992 年至 2017 年省级行政边界效应在 8.67 至 12.18 之间波动,呈现先下降后上升的趋势,各省对周围邻近省份的贸易偏好上升,地理距离对省际贸易的阻碍作用逐渐降低。三是,南北边界对北部地区贸易阻碍作用较小,对南部省份的贸易阻碍作用较大,阻碍作用的大小与各省的产业结构和地理位置相关。四是,社会网络和地区间产业结构差异不仅促进了省际贸易交流,还降低了国内贸易的南北分割。尽管这些地理上的差异存在,但它们并非加剧南北分割的因素,相反可以促进区域间的贸易交流。

为了进一步促进区域间贸易交流、建设全国统一大市场,基于本书的研究结果,本文提出以下建议:

第一,政府在制定区域经济政策方面,应采取双管齐下的策略。一方面,要尊重和理解国内贸易的南北空间格局,充分发挥规模经济效应。南北地区由于历史、地理和经济基础的差异,形成了不同的发展模式和经济结构。尊重这一格局,可以利用各自的优势,推动区域经济的协同发展。另一方面,需要进一步打破行政分割,降低省际贸易成本。研究表明,除了省级行政分割外,我国国内贸易还存在明显的南北分割,这种格局主要是由贸易成本和地理距离等因素决定的,市场机制在其中发挥了重要作用。因此,政府在制定政策以推动国内市场一体化时,应特别注意打破制度性和人为的市场分割。为此,政府应因地制宜,合理优化产业布局,制定促进区域协调发展的经济政策。具体措施包括:首先,优化基础设施建设,尤其是交通和物流网络的建设,以降低物流成本和缩短运输时间,促进商品和服务的自由流动。其次,制定优惠政策,吸引企业跨区域投资,推动区域间的经济合作和产业链的深度融合。再次,简化行政审批程序,减少企业在跨省经营中的制度性障碍,提高市场准入的便利性和透明度。最后,加强区域间的信息共享和合作机制,推动科技创新和资源共享,形成协同发展的良好局面。

第二,有效促进劳动力流动、推动城镇化进程,减少劳动力流动障碍,提高社会网络效应,是实现经济持续增长和市场一体化的重要举措。城镇化不仅可以促进城乡劳动力的社会融合,增强城乡之间的经济联系,还可以通过人力资本的外部性和城市的规模经济效应吸引更多优质劳动力,提升整体经济效率。因此,政府应实施一系列政策,减少劳动力流动成本,推动城镇化进程,减少就业、社会保障和教育等方面的分割政策,促进劳动力在城乡和区域之间的自由流动。首先,政府应简化劳动力流动的行政手续,降低迁移成本。其次,要加大对城市基础设施的投资,改善城市的生活和工作环境,提升城市对劳动力的吸引力。此外,政府应加强社会保障体系的建设,确保跨区域劳动力能够平等享受社会保障和公共服务。同时,推动教育资源的均衡分布,提高教育质量,减少教育方面的区域差距。最后,通过推动城镇化进程,促进劳动力的社会融合和经济一体化。

第三,全面推动国内贸易中心的对外开放,以带动国内贸易的发展。开放度较低时,国际贸易的开放可能会在短期内对市场一体化产生一定的阻碍作用,因为不同地区在开放过程中的起点和速度存在差异,导致区域间的经济发展不平衡。然而,进一步加大对外开放力度,有利于逐步消除国内贸易壁垒,促进市场的一体化进程。全面推动京津冀、长三角和珠三角等沿海发达地区的对外开放,能够吸引更多优质生产要素的流入,最大限度地实现规模经济效应,强化这些中心城市对区域经济的辐射和带动作用,进而促进区域间的贸易交流。具体而言,京津冀、长三角和珠三角地区作为我国经济最为发达的地区,具有良好的基础设施、强大的经济实力和丰富的资源,这些优势为对外开放提供了坚实的基础。通过加大对这些地区的开放力度,可以进一步吸引全球资本、技术和人才的流入,提升区域内的生产力和创新能力。加强与国际市场的联系,不仅有助于提升这些地区的经济竞争力,还能够通过外部市场需求拉动内部经济增长,促进产业升级和结构优化。在推动对外开放的过程中,政府应着重优化营商环境,简化行政审批流程。同时,要加强知识产权保护,营造公平竞争的市场环境,提升对高端技术和创新资源的吸引力。此外,政府应大力推动区域内基础设施的互联互通,提升交通运输和物流网络的效率,促进区域间的经济联系和资源流动。通过优化资源配置、提升生产效率和促进区域协调发展,最终实现全国市场的高效融合,增强我国经济的整体竞争力和可持续发展能力。

第四,强化贸易中心对区域经济的带动作用。都市圈和城市群将成为未来区域经济发展的主要动力,应重点培育京津冀、长三角和珠三角三大经济中心。这些区域不仅是我国经济最为发达的地区,也是对外开放的窗口和创新的高地。通过强化这些经济中心,可以吸引更多的优质资源和高端要素集聚,例如资本、技术和人才,从而形成强大的规模经济效应。在培育和发展这些经济中心时,应充分利用它们已有的优势和潜力,实现自我强化和辐射带动。具体来说,首先要加强基础设施建设,提升交通运输和信息通信网络的便捷性和覆盖范围,进一步促进区域内外的经济联系和资源流动。其次,要加大科技创新和产业升级的力度,支持高新技术产业和现代服务业的发展,推动传统产业的转型升级,提升区域的整体竞争力和创新能力。再次,应优化营商环境,完善市场机制,降低企业的运营成本,吸引更多的国内外投资。最后,要推进体制机制创新,破除行政壁垒,促进要素的自由流动和优化配置,形成更加开放和统一的市场体系。通过这些措施,可以不断增强经济中心的吸引力和集聚效应,进一步发挥其对周边区域经济发展的辐射和带动作用。

参考文献

(一) 中文参考文献

柏培文:《中国劳动力人力资本水平估算》,载《教育与经济》2010年第 2 期。

陈家海:《地区工业化进程中的省际贸易格局及政策倾向》,载周振华编:《中国经济分析 1995:地区发展》,上海人民出版社 1996 年版。

陈敏、桂琦寒、陆铭、陈钊:《中国经济增长如何持续发挥规模效应？——经济开放与国内商品市场分割的实证研究》,载《经济学(季刊)》2008 年第 1 期。

陈秀山、徐瑛:《中国区域差距影响因素的实证研究》,载《中国社会科学》2004 年第 5 期。

陈秀山、张若:《中部地区省际产品贸易流量估算与空间分析》,载《华中师范大学学报(人文社会科学版)》2007 年第 5 期。

单豪杰:《中国资本存量 K 的再估算:1952～2006 年》,载《数量经济技术经济研究》2008 年第 10 期。

范欣:《中国市场分割的性质及效应研究》,吉林大学 2016 年博士学位论文。

傅晓霞、吴利学:《技术效率、资本深化与地区差异——基于随机前沿模型的中国地区收敛分析》,载《经济研究》2006年第10期。

桂琦寒、陈敏、陆铭、陈钊:《中国国内商品市场趋于分割还是整合:基于相对价格法的分析》,载《世界经济》2006年第2期。

国家信息中心:《中国区域间投入产出表》,社会科学文献出版社2005年版。

行伟波、李善同:《本地偏好、边界效应与市场一体化——基于中国地区间增值税流动数据的实证研究》,载《经济学(季刊)》2009年第4期。

行伟波、李善同:《引力模型、边界效应与中国区域间贸易:基于投入产出数据的实证分析》,载《国际贸易问题》2010年第10期。

黄玖立、冼国明:《对外出口与地区间贸易:铁路货运交流数据的研究》,南开大学工作论文2010年。

黄赜琳、王敬云:《地方保护与市场分割:来自中国的经验数据》,载《中国工业经济》2006年第2期。

井原健雄:《地域的经济分析》,中央经济社1996年版。

李静、孟令杰、吴福象:《中国地区发展差异的再检验:要素积累抑或TFP》,载《世界经济》2006年第1期。

李培林:《流动民工的社会网络和社会地位》,载《社会学研究》1996年第4期。

李善同、侯永志、刘云中、陈波:《中国国内地方保护问题的调查与分析》,载《经济研究》2004年第11期。

李善同:《2007年中国地区扩展投入产出表:编制与应用》,经济科学出版社2016年版。

李小瑛、陈广汉、张应武：《中国城镇地区高等教育外部回报率估算》，载《世界经济文汇》2010 年第 1 期。

刘强、冈本信广：《中国地区间投入产出模型的编制及其问题》，载《统计研究》2002 年第 9 期。

刘生龙、胡鞍钢：《交通基础设施与中国区域经济一体化》，载《经济研究》2011 年第 3 期。

刘卫东、刘红光、范晓梅、陈杰、唐志鹏：《地区间贸易流量的产业——空间模型构建与应用》，载《地理学报》2012 年第 2 期。

刘卫东、唐志鹏、陈杰等：《2010 年中国 30 省区市区域间投入产出表》，中国统计出版社 2010 年版。

陆铭：《玻璃幕墙下的劳动力流动——制度约束、社会互动与滞后的城市化》，载《南方经济》2011 年第 6 期。

钱勇生、张孝远：《省际之间铁路货物运输流量流向趋势分析》，载《统计与决策》2007 年第 11 期。

石敏俊、张卓颖：《中国省区间投入产出模型与区际经济联系》，科学出版社 2012 年版。

市村真一、王慧炯：《中国经济区域间投入产出表》，化学工业出版社 2007 年版。

舒元、徐现祥：《中国经济增长模型的设定：1952—1998》，载《经济研究》2002 年第 11 期。

万广华、陆铭、陈钊：《全球化与地区间收入差距：来自中国的证据》，载《中国社会科学》2005 年第 3 期。

王铮、葛昭攀：《中国区域经济发展的多重均衡态与转变前兆》，载《中国社会科学》2002 年第 4 期。

肖群鹰、刘慧君：《基于 QAP 算法的省际劳动力迁移动因理论再检验》,载《中国人口科学》2007 年第 4 期。

徐现祥、李郇:《中国省际贸易模式:基于铁路货运的研究》,载《世界经济》2012 年第 9 期。

许宪春、李善同:《1997 年中国区域投入产出表的编制及分析》,清华大学出版社 2008 年版。

银温泉、才婉茹:《我国地方市场分割的成因和治理》,载《经济研究》2001 年第 6 期。

于洋:《中国省际贸易流量再估算与区间分解》,载《中国经济问题》2013 年第 5 期。

张红梅、李黎力:《中国区际贸易:数据获取与数据库构建》,载《当代财经》2018 年第 4 期。

张少军、李善同:《省际贸易对中国经济增长的贡献研究》,载《数量经济技术经济研究》2017 年第 2 期。

张亚雄、刘宇、李继峰:《中国区域间投入产出模型研制方法研究》,载《统计研究》2012 年第 5 期。

赵永亮、徐勇、苏桂富:《区际壁垒与贸易的边界效应》,载《世界经济》2008 年第 2 期。

赵永亮、徐勇:《国内贸易与区际边界效应:保护与偏好》,载《管理世界》2007 年第 9 期。

赵永亮:《国内贸易的壁垒因素与边界效应——自然分割和政策壁垒》,载《南方经济》2012 年第 3 期。

(二) 外文参考文献

Albrecht L，Tombe T，*Internal trade*，*productivity and in-*

terconnected industries: *A quantitative analysis*, Canadian Journal of Economics/Revue canadienne d'économique 49, 237—263(2016).

Anderson J E. Van Wincoop E. *Gravity with Gravitas*: *a Solution to the Border Puzzle*. American Economic Review 93, 170—192(2003).

Anderson J E, Yotov Y V. *The changing incidence of geography*. American Economic Review 100, 2157—2186(2010).

Au C-C, Henderson J V. *Are Chinese cities too small*? The Review of Economic Studies 73, 549—576(2006).

Beaulieu E, Gaisford J, Higginson J. *Interprovincial Trade Barriers in Canada*: *how Far Have We Come*? *where Should We Go*? (2003).

Brandt L, Holz C A. *Spatial price differences in China*: *Estimates and implications*. Economic Development and Cultural Change 55, 43—86(2006).

Bullard C W, Sebald A V. *Monte Carlo sensitivity analysis of input-output models*. The Review of Economics and Statistics, 708—712(1988).

Chenery H B. *Regional analysis*. The structure and growth of the Italian economy, 98—139(1953).

Combes P P, Lafourcade M, Mayer T. *The trade-creating effects of business and social networks*: *evidence from France*. Journal of International Economics 66, 1—29(2005).

Coughlin C C, Novy D. *Estimating Border Effects*: *The Impact of Spatial Aggregation*. FRB St. Louis Working Paper, 6(2016).

Felbermayr G & Gröschl J, *Within U.S. Trade and the Long Shadow of the American Secession*, Economic Inquiry 52:1, 382—404(2014).

Genereux P A & Langen B, *The Derivation of Provincial (Inter-Regional) Trade Flows: the Canadian Experience*, 2002 Statistics Canada working paper 98(2002).

Gomez-Herrera E, Martens B & Turlea G, *The Drivers and Impediments for Cross-Border E-Commerce in the EU*, Information Economics and Policy 52:1, 83—96(2014).

Hallak J C, *A Product-Quality View of the Linder Hypothesis*, The Review of Economics and Statistics 92:3, 453—466(2010).

Head K & Mayer T, *Gravity Equations: Workhorse, Toolkit, and Cookbook*, Handbook of International Economics 4:131, 131—195(2015).

Head K & Mayer T, *Non-Europe: the Magnitude and Causes of Market Fragmentation in the EU*, Review of World Economics 136:2, 284—314(2010).

Head K & Ries J, *Increasing Returns versus National Product Differentiation as an Explanation for the Pattern of U.S.-Canada Trade*, American Economic Review 91:4, 858—876(2001).

Helble M, *Border Effect Estimates for France and Germany Combining International Trade and Intranational Transport Flows*, Review of World Economics 143:3, 433—463(2007).

Helliwell J F & Verdier G, *Comparing Interprovincial and Intraprovincial Trade Densities*, University of British Columbia,

VancouMver(2000).

Hillberry R & Hummels D, *Intranational Home Bias*: *Some Explanations*, Review of Economics and Statistics 85: 4, 1089—1092(2003).

Hillberry R & Hummels D, *Trade Responses to Geographic Frictions*: *A Decomposition Using Micro-Data*, European Economic Review 52: 3, 527—550(2008).

Isard W, *Interregional and Regional Input-Output Analysis*: *A Model of a Space-Economy*, The Review of Economics and Statistics, 318—328(1951).

Ivison J, *Harper Government Aims for Deal to End Provincial Trade Barriers*, National Post(2014).

Krugman P, *Increasing Returns and Economic Geography*, Journal of political economy 99: 03, 483—499(1991).

Leamer E E, *A Flat World*, *a Level Playing Field*, *a Small World After All*, *or None of the Above? A Review of Thomas L Friedman's The World is Flat*, Journal of Economic Literature 45: 1, 83—126(2007).

Lenzen M, Wood R & Wiedmann T, *Uncertainty Analysis for Multi-Region Input- Output Models—A Case Study of the UK's Carbon Footprint*, Economic Systems Research 22: 1, 43—63(2010).

Lenzen M, *A Generalized Input-Output Multiplier Calculus for Australia*, Economic Systems Research 13: 1, 65—92(2001).

Leontief W, *Strout A. Multi-Regional input-output analysis*, Palgrave Macmillan(1963).

McCallum J, *National Borders Matter: Canada-US Regional Trade Patterns*, American Economic Review 85:3, 615—623(1995).

Melitz M & Cuñat A, *Volatility, Labor Market Flexibility, and the Pattern of Comparative Advantage*, Journal of the European Economic Association 10:2, 225—254(2012).

Moses L N, The Stability of Interregional Trading Patterns and Input-Output Analysis, The American Economic Review 45:5, 803—826(1995).

Naughton B, *How Much Can Regional Integration Do to Unify China's Markets?*, How Far Across the River, 803—826 (2003).

Nitsch V & Wolf N, *Tear Down this Wall: On the Persistence of Borders in Trade*, The Canadian Journal of Economics 46:1, 154—179(2013).

Nitsch V, *National Borders and International Trade: Evidence from the European Union*, Canadian Journal of Economics 33:4, 1091—1106(2000).

Parsley D C & Wei S J, *Convergence to the Law of One Price without Trade Barriers or Currency Fluctuations*, Quarterly Journal of Economics 111:4, 1210—1237(2000).

Poncet S, *A Fragmented China: Measure and Determinants of Chinese Domestic Market Disintegration*, Review of International Economics 13:3, 409—430(2005).

Poncet S, *Measuring Chinese Domestic and International Integration*, China Economic Review 14:1, 1—22(2005).

Quandt R E, *On the Solution of Probabilistic Leontief Systems*, Naval Research Logistics Quarterly 6:4, 295—305(1959).

Rauch J E, *Networks versus Markets in International Trade*, Journal of International Economics 48:1, 7—35(1999).

Schulze M S & Wolf N, *On the Origins of Border Effects: Insights from the Habsburg Empire*, Journal of Economic Geography 9:1, 117—136(2009).

Silva J M C S & Tenreyro S, *The Log of Gravity*, The Review of Economics and Statistics 88:4, 641—658(2006).

Temursho U, *Uncertainty Treatment in Input-Output Analysis*, Handbook of Input-Output Analysis(2017).

Ten Raa T & Steel M F J, *Revised Stochastic Analysis of an Input-Output Model*, Regional Science and Urban Economics 24:3, 361—371(1994).

West G R, *A Stochastic Analysis of an Input-Output Model*, Econometrica: Journal of the Econometric Society, 363—374(1986).

Wilting H C, *Sensitivity and Uncertainty Analysis in MRIO Modelling; Some Empirical Results with Regard to the Dutch Carbon Footprint*, Economic Systems Research 24:2, 141—171 (2012).

Wolf H C, *Intranational Home Bias in Trade*, Review of Economics and Statistics 82:4, 555—563(2012).

Wrona J, *Border Effects Without Borders: What Divides Japan's Internal Trade?*, International Economic Review 59:3, 1209—1262 (2018).

Xu X, *Have the Chinese Provinces Become Integrated under Reform?*, China Economic Review 13:2—3, 116—133(2002).

Yilmazkuday H, *Understanding Interstate Trade Patterns*, Journal of International Economics 86:1, 158—166(2012).

Young A, *The Razor's Edge: Distortions and Incremental Reform in the People's Republic of China*, The Quarterly Journal of Economics 115:4, 1091—1135(2000).

图书在版编目(CIP)数据

中国省际贸易流量估算与市场分割 / 李自若，黄桂
田著. -- 上海 ：上海人民出版社，2024. -- ISBN 978
-7-208-19061-0

Ⅰ. F727

中国国家版本馆 CIP 数据核字第 2024XE0261 号

责任编辑　冯　静
封面设计　一本好书

中国省际贸易流量估算与市场分割

李自若　黄桂田　著

出　　版　上海人民出版社
　　　　　（201101　上海市闵行区号景路 159 弄 C 座）
发　　行　上海人民出版社发行中心
印　　刷　上海商务联西印刷有限公司
开　　本　635×965　1/16
印　　张　14
插　　页　4
字　　数　161,000
版　　次　2024 年 9 月第 1 版
印　　次　2024 年 9 月第 1 次印刷
ISBN 978 - 7 - 208 - 19061 - 0/F · 2886
定　　价　65.00 元